Heinrich Bauregger

Tessin

Zwischen Gotthard und Luganer See

50 ausgewählte Wanderungen
rund um den Luganer See und den Lago Maggiore

ROTHER
BERGVERLAG

ROTHER WANDERFÜHRER

Aargau
Abruzzen
Achensee
Adlerweg
Ahrsteig
Alb Südrand-Weg HW2
Albanien
Albsteig
Algarve
Allgäu 1, 2, 3, 4
Allgäuer Alpen
AlpeAdriaTrail
Altmühltal
Altmühltal-Panoramaweg
Andalusien Süd
Annapurna Treks
Antholz - Gsies
Aostatal

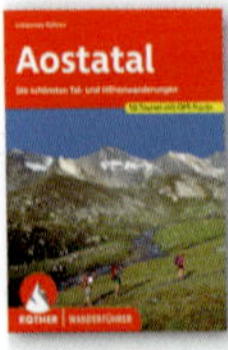

Appenzellerland
Apulien
Ardennen
Arlberg - Paznaun
Arnoweg
Asturien
Augsburg
Außerfern
Australien
Auvergne
Azoren
Baskenland
Bayerische Alpen Trekking
Bayerischer Wald
Berchtesgaden - Lienz
Berchtesgadener Land
Bergisches Land
Berlin
Bern
Berner Oberland Ost
Berner Oberland West
Bodensee Nord, Süd
Bodensee - Rätikon
Böhmerwald
Böhmische Schweiz
Bolivien
Bornholm
Bosnien u. Herzegowina
Bozen - Kaltern
Brandnertal
Bregenzerwald
Bremen - Oldenburg
Brenta
Bretagne
Bulgarien
Burgund
Cevennen
Chalkidiki - Thassos
Champagne - Ardennen
Chiemgau
Chiemsee
Chur - Hinterrhein
Cilento
Cinque Terre
Comer See
Cornwall-Devon
Costa Blanca
Costa Brava
Costa Daurada
Côte d'Azur
Dachstein-Tauern Ost
Dachstein-Tauern West
Dänemark-Jütland
Dalmatien
Dauphiné Ost, West
Davos - Prättigau
Dolomiten 1, 2, 3, 4, 5, 6, 7, 8
Dolomiten-Höhenwege 1-3, 4-7, 8-10
Donausteig
E1 Deutschland Nord
E1 Deutschland Süd
E5 Konstanz - Verona
Ecuador
Eifel
Eifelsteig
El Hierro
Elba
Elbsandsteingebirge
Elsass
Emmental
Ober-, Unterengadin
England Mitte, Nord, Ost, Süd
Fichtelgebirge
Fränkische Schweiz
Fränkischer Gebirgsweg
Frankfurt
Franziskusweg
Freiburg
Friaul-Julisch Venetien
Fuerteventura
Galicien
Gardaseeberge
Garhwal - Ladakh
Garmisch - Brixen
Gasteinertal
Genfer See
Georgien
Gesäuse
Glarnerland
Glockner-Region
Goldsteig
La Gomera
Gotthardweg
Gran Canaria
Grazer Hausberge
Grenzgänger-Weg
Griechenland - Pindosgebirge
Gruyère - Diablerets
GTA
Hamburg
Harz
Haute Route
Hawaii
Hochkönig
Hochschwab
Hohenlohe
Hunsrück
Ibiza
Innsbruck
Irland
Isarwinkel
Island
Israel
Istrien
Italienische Riviera
Jakobsweg - Camino Primitivo
Jakobsweg - Caminho Português
Jakobsweg - Camino del Norte
Französischer Jakobsweg Le Puy - Pyrenäen, Straßburg - Le Puy
Jakobsweg Marburg - Vézelay
Jakobswege Österreich
Jakobswege Schweiz
Spanischer Jakobsweg
Südfranzösischer Jakobsweg - Via Tolosana
Südwestdeutsche Jakobswege
Julische Alpen
Jura, Französischer
Jura, Schweizer
Kärntner Seen
Kalabrien
Kanadische Rocky Mountains
Kapverden Nord
Karawanken
Karnischer Höhenweg
Karwendel
Kaunertal
Kitzbüheler Alpen
Kleinwalsertal
Korfu
Korsika
Korsika - GR 20
Korsika - Mare e Monti
Kraichgau
Kreta
La Palma
La Réunion
Lago Maggiore
Lahnwanderweg
Languedoc-Roussillon
Lanzarote
Lappland
Lechweg
Lesbos - Chios
Limesweg
Lofoten
Lothringen
Lungau
Luxemburg - Saarland
Madeira
Mallorca
Malta - Gozo
Marken - Adriaküste
Marokko
Masuren
Maximiliansweg
Mecklenburgische Seenplatte
Menorca
Meran
Meraner Höhenweg
Mittelsachsen
Mont Blanc
Montafon
Montenegro
Mosel
Moselhöhenweg
Moselsteig
Mühlviertel
München
München - Venedig
Münsterland
Nationalpark Kalkalpen
Neanderlandsteig
Golf von Neapel
Neckarweg
Neuseeland
Neusiedler See
Niedere Tauern Ost
Niederlande
Niederrhein
Nockberge
Nordhessen
Normandie
Norwegen Mitte, Süd, Jotunheimen
Nürnberg
Oberlausitz
Oberpfälzer Wald
Oberschwaben
Odenwald
Odenwald Mehrtagestouren
Öland
Ötscher
Ötztal
Ötztal - Pitztal Trekking
Ossola
Ostfriesland
Ostseeküste
Ost-Steiermark
Osttirol Nord, Süd

Patagonien
Peaks of the Balkans
Peloponnes
Peru
Pfälzer Weinsteig
Pfälzerwald
Pfaffenwinkel
Picardie
Picos de Europa
Piemont Nord, Süd
Pinzgau
Pitztal
Portugal Nord
Provence
Pyrenäen 1, 2, 3, 4
Pyrenäen - GR 11

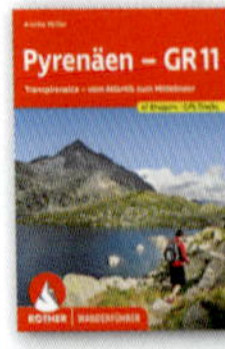

Regensburg
Rhein-Neckar
Rheinhessen
Rheinsteig
Rhodos
Rhön
Riesengebirge
Rom - Latium
Rota Vicentina
Route de Ländle
Rügen
Ruhrgebiet
Rumänien - Ostkarpaten
Rumänien - Südkarpaten
Saar-Hunsrück-Steig
Salzalpensteig
Salzburg
Salzburg - Triest
Salzkammergut Ost, West
Sardinien
Sauerland
Savoyen
Schaffhausen
Schottland
Schwabenkinder-Wege Oberschwaben, Schweiz - Liechtenstein, Vorarlberg
Schwäbische Alb Ost
Schwäbische Alb West
Schwarzwald Fernwanderwege
Schwarzwald Mehrtagestouren Mitte/Nord, Süd/Mitte
Schwarzwald Nord, Süd
Schweden Mitte, Süd
Seealpen
Seefeld - Leutasch
Sentiero della Pace
Sierra de Gredos
Sierra de Guadarrama
Sizilien
Spessart
Steigerwald
Steirisches Weinland
Sterzing
Stubai - Wipptal
Trekking im Stubai
Stuttgart
Südafrika West
Südniedersachsen
Surselva
Sylt, Amrum, Föhr
Tannheimer Tal
Tasmanien
Hohe Tatra
Niedere Tatra
Tauern-Höhenweg
Hohe Tauern Nord
Tauferer Ahrntal
Taunus
Tegernsee - Sterzing
Tegernseer und Schlieseer Berge
Teneriffa
Tessin
Teutoburger Wald
Thüringen Mitte/Nord
Thüringer Wald
Tiroler Höhenweg
Toskana Nord, Süd
Türkische Riviera
Uckermark
Umbrien
Ungarn West
USA Südwesten
Usedom
Vanoise
Veltlin
Vía de la Plata
Via Francigena
Via Gebennensis
Vierwaldstättersee
Vinschgau
Vizentiner Alpen
Vogelsberg
Vogesen
Vogesen Mehrtagestouren
Vogesen-Durchquerung
Vogtland
Vom Gletscher zum Wein
Trekking in Vorarlberg
Wachau
Waldviertel
Wales
Oberwallis
Unterwallis
Walliser Alpen
Weinviertel
Welterbesteig Wachau
Weserbergland
West Highland Way
Westerwald
Wien
Wien - Lago Maggiore
Wiener Alpenbogen
Wiener Hausberge Nord, Süd
Wilder Kaiser
Zillertal
Trekking im Zillertal
Zürichsee
Zugspitze
Zypern Süd & Nord

Vorwort

Das Tessin ist nicht nur ein Schweizer Kanton – es ist ein Versprechen. Ein Versprechen auf Sonne, auf italienische Lebensart und auf eine traditionsreiche Kultur, auf mediterrane Flora und Fauna, und natürlich auf eine vielgestaltige Bergwelt. Das Tessin hat einige Superlative aufzuweisen: Obwohl es sogar den tiefsten geographischen Punkt der gesamten Schweiz aufweist, gehört es zu deren gebirgigsten Regionen. Eine Eigenart dieser Berge ist ihre relative Höhe. Zahlreiche schluchtartige Täler durchschneiden den nördlichen Teil des Tessins, landläufig »Sopra Ceneri« genannt, dessen Gipfel die Dreitausendmetermarke bereits überschreiten. Doch das Bild von der »Sonnenstube der Schweiz« wurde vielmehr vom Eindruck des »Sotto Ceneri« vermittelt, das südlich des Monte Ceneri, eines kleinen Passes von nur 554 Meter Höhe, beginnt und dessen Gipfel die Zweitausendergrenze nur an wenigen Stellen überschreiten. Dort liegen die reizvollen großen Seen Lago Maggiore und Luganer See, und dort kann man bereits unter Palmen promenieren und gleichzeitig den Schnee von den Bergen herunterglitzern sehen. Wandern im Tessin heißt jedoch, sich beide Zonen, die alpine und die mediterrane zu erschließen. Hilfestellung leistet dabei eine alte bäuerliche Kultur, die uns in Form von »rusticos« gegenübertritt, das heißt Alphütten, die nun Unterkunft für Wanderer bieten, und in Form von Alpwegen, so genannten »Sentieri alpestri«, die von den Tälern bis hinauf in die Gipfelregionen reichen. Generell kann gesagt werden, dass die Wanderwege im Tessin in der Regel bestens ausgeschildert und mit durchschnittlichen Gehzeiten ausgezeichnet sind. Es gibt in den Tessiner Bergen über 50 gut ausgestattete Berghütten des SAC (CAS) und anderer alpiner Vereinigungen, so dass die Unterkunft immer und Verpflegung meistens gesichert sind. Die in diesem Wanderführer vorgestellten Touren sind nicht auf Gipfeleroberungen abgestimmt, vielmehr will dieser Führer einladen, die Landschaft zwischen Gotthard und Chiasso in genussvoller Weise zu erwandern und erleben. Dazu wünscht ihnen der Verfasser eine gute Kondition und einen gnädigen Wettergott. Salve!

München, im Frühjahr 2021 — Heinrich Bauregger

Liebe Leserinnen und Leser,

infolge der Corona-Krise können sich Änderungen ergeben haben, die bei Redaktionsschluss noch nicht absehbar waren. Soweit möglich werden wir aktuelle Hinweise unter www.rother.de (beim Buch) zur Verfügung stellen. Bitte informieren Sie sich vor der Wanderung zusätzlich über die derzeitigen Gegebenheiten.
Sollten Sie geänderte Gegebenheiten vor Ort feststellen, freuen wir uns über Korrekturhinweise per E-Mail an leserzuschrift@rother.de.

Inhaltsverzeichnis

Locarno und Verzascatal

Brissago, Centovalli, Valle Onsernone und Valle di Vergeletto

Maggiatal, Bavonatal und Lavizzaratal

Bleniotal

Leventinatal und Bedrettotal

Grimselpass
Oberaarhorn
Finsteraarhorn
3631
4274
Furka-Basistunnel
Oberwald
Ulrichen
Gr. Wannenhorn
3906
3518
Geschinen
Münster
Rhône
Großer Aletsch-gletscher
Eggishorn
2927
Ritzingen
Niederwald
47
19
Fiesch
Ernen
Lax
Emerwald
Binn
Binna
Mörel
Heiligkreuz
Goms
Blinnenhorn
3374
Nufenenpass
50
All'Acqua
Pzo. Rotondo
3192
Bedretto
Fontana
V. Bedretto
X - VI
Passo del S. Gottardo
2106
Airolo
Altanca
L. Ritom
48
Quinto
Piotta
Rodi-Fiesso
San Gottardo Sud
49
40
43
Prato
47
46
Cristallina
2912
39
Fusio
Maggia
L. di Toggia
la Frua
Canza
Valdo
Chiesa
Chioso
Toce
Lago di Dévero
Parco Regionale
Alpe Véglia
e Alpe Dévero
Góglio
3272
Berisal
Simplontunnel
3553
M. Leone
S.Doménico
M. Cistella
2880
Baceno
Gebbo
Prémia
Passo
Cadarese
2792
V. Antigorio
Basòdino
3772
38
S.Carlo
37
V. Bavona
Bavona
36
11
34
Bosco/Gurin
35
Cerentino
Cimalmotto
Linescio
33
Rovana
Piano di Peccia
Peccia
3072
P. Campo Tencia
V. Lavizzara
Broglio
Bignasco
Cevio
2736
TI
32
Someo
Giumaglio
2322
Valle Maggia
Maggia
31
30
29
28
Vergeletto
Spruga
Russo
Auressio
Aveg
26
27
Intragna
Tegna
Losone
25
Centovalli
Ascona
Camedo
Palagnedra
Centovalli
M. Gridone
2186
Brissago
24
13
Porto
Madonna di Ponte
Trasquera
Varzo
Viceno
Crodo
Gondo
Paglino
Iselle
9
33
87
Divena
Òira
Altóggio
2430
2551
Masera
Préglia
S.Lorenzo
Bognanco
Albogno
Druogno
Cravéggia
Re
337
S.Maria Maggiore
Melezza
V. Vigezzo
Finero
Domodóssola
2705
Alpe di Campo
Villadóssola
Antrona-piana
S.Pietro
V. d'Antrona
Béura
M. Tògano
2299
V. d'Ossola
Parco Nazionale
della Val Grande
2195
Lunecco
S.Agata
Cannobina
V. Cannobina
Cannóbio
Piedimulera
Vogogna
Pontegrande
549
Bànnio
Pieve Vergonte
Anza
V. Anzasca
Cuzzago
S. Bernardino
Tràrego
Cànnero Riviera
1534
Luino
34
Anzola d'Òssola
Ornavasso
Mergozzo
L. di Mergozzo
Miazzina
Oggébbio
Premeno
Ghiffa
Brezzo di Bédero
Porto Valtravàglia
Germignaga
Montegrino
Cima Capezzone
2421
Forno
2161
Valstrona
Gravellona T.
Gravellona Toce
Casale C.C.
Fondotoce
Vignone
M. di Campagna
Intra
Feriolo
Bella
Verbánia
Pallanza
Caldè
Castelveccana
Baveno
Laveno
394
Stresa
Strona
Omegna
Quarna
Rimella
Stà Maria
Fobello
Sesia
Mastallone
Cravagliana
Fervento
Vocca
Balmúccia
Corte
Césara
Pettenasco
Gignese
Carpugnino
E62
Armeno
1080
Lesa
Besozzo
Cittiglio
Orino
Duno
St. Caterina d. Sasso
Sangiano
Arolo
Gavirate
Parco del Campo dei Fiori
1226
394
229
Lago Maggiore

Lukmanierpass (Passo del Lucomagno)
1916
Campo Blénio
Olivone
Aquila
Ponto Valentino
Lottigna
Chiggiogna
Faido
Negrentino
Acquarossa
Leontica
Lavorgo
Anzonico
Cumiasca
Pedrini
Chironico
Serravalle
Giornico
Sobrio
Semione
Malvaglia
Bodio
Pontirone
Madom Gröss
2741
Biasca
Iragna
Osogna
Lodrino
Cresciano
Moleno
Claro
Lavertezzo
Brione
Gnosca
Gorduno
Monti di Ditto
S. Bernardo
Sementina
Arbedo
Bellinzona
Giubiasco
Pianezzo
Carena
Camorino
Cugnasco
Gordola
Locarno
Vira
Quartino
Cadenazzo
Isone
Camoghè
2228
Bironico
M. Tamaro
1962
Scareglia
Tesserete
Taverne
Bogno
S. Martino
Sonvico
Arosio
Capriasca
Lamone
Lugano
Agno
Cademario
Curio
Magliaso
Castagnola
Gandria
Campione d'Italia
Melide
Bissone
Brusimpiano
Madonna d'Ongero
Morcote
Riva
Meride
Porto Cerésio
Viggiù
Mendrisio
Coldrerio
Balerna
Arcisate
Induno
Stabio
Morbio
Bellavista
Muggio
Laglio
Moltrásio
Arogno
Lanzo d'Intelvi
Casasco d'Intelvi
Schignano
Porlezza
Claino
Cavargna
San Bartolomeo Val Cavargna
Carlazzo
Pzo. di Gino
2245
Garzeno
Gravedona
Dongo
Musso
Cremia
Dervio
Rezzonico
Domaso
Cólico
Dório
Menaggio
Tremezzo
Bellagio
Varenna
Bellano
Taceno
Tartavalle Terme
Cortenova
Esino Lário
Lenno
Sala Comacina
Argegno
Lezzeno
S.Fedele Int.
Pigra
Nesso
Zelbio
Barni
Oliveto Lário
Onno
Asso
Faggeto
Cáglio
Torno
Osigo
Lierna
Olcio
Somana
Abbadia Lariana
Parco Regionale delle Grigne
Grigna Meridionale
2184
Piani Resinelli
Ballabio
Pasturo
Barzio
Intróbio
Premana
Treménico
M. Legnone
2609
Pedesina
Delébio
Cosio
Rogolo
Dubino
Abb. di Piona
LECCO
Vedese
Lago di Como
L. di Lecco
Lago di Lugano
Gera Lário
L. di Mezzola
Verceia
Novate Mezzola
M. Berlinghera
1930
Samólaco
San Pietro
Somággia
Gordona
Chiavenna
Prata Camp.
S. Giácomo Filippo
Gallivággio
2723
Pzo. Stella
3163
Campodolcino
Pianazzo
Isola
Madésimo
L. di Lei
Valle di Lei
Montespluga
Splügenpass
2113
Pzo. Tambo
3279
Splügen
Sufers
Nufenen
Medels
Hinterrhein
Rheinwald
Rheinwaldhorn
3402
Pso. del S. Bernardino
2065
San Bernardino
Pian San Giacomo
Mesocco
Soazza
Rossa
Lostallo
Arvigo
S. Maria
Grono
S. Vittore
Roveredo
Monte Laura
P. Paglia
2593
S. Domenica
2952
Torent Alto
Madra
Val Calanca
V. Mesolcina
Zervreilasee
Guralätsch
Rofla
Ausserferrera
Innerferrera
Averser Rhein
Moesa
Ticino
Brenno
Adda
A2
A13
E35
E43

Touristische Hinweise

Gebietsbegrenzung

Dieser Führer stellt ein Wandergebiet vor, das sich im Wesentlichen mit den Grenzen des Kantons Tessin deckt. Lediglich im Osten wird ein kurzer Abstecher in das ebenfalls italienischsprachige Gebiet des Valle Mesolcina unternommen. Damit umfasst er geographisch mehr als nur die Tessiner Alpen, die ja im Osten und Norden von der Leventina und dem Val Bedretto begrenzt werden, im Süden jedoch sogar noch auf italienisches Gebiet übergreifen.

Anfahrt

Konnte man im 19. Jh. vom Tessin noch als von einem schwer zugänglichen Gebiet sprechen, so liegt das moderne touristische Tessin links und rechts der Hauptschlagader der modernen Verkehrsinfrastruktur. Der Gotthardtunnel, 2108 m, verbindet den Norden mit dem Süden mittels Autobahn und Bahnlinie, und zu den Hauptferienzeiten kann man dies auch deutlich verspüren. Wer von Österreich aus anfahren will, kann als Alternative natürlich den Weg über den Malojapass, 1815 m, und den Comer See in Betracht ziehen. Aus Deutschland kommend eignen sich in erster Linie der San-Bernardino-Pass, 2065 m (allerdings keine durchgehende Autobahnverbindung) sowie der Lukmanierpass, 1916 m. – Aus dem Wallis führt der höchste Innerschweizer Übergang, der Nufenenpass, 2478 m, hinüber ins Tessin. Achtung: Bei Benutzung der Schweizer Autobahnen ist eine kostenpflichtige Vignette vorgeschrieben. Für Bahnreisende bietet sich die gut ausgebaute Bahnstrecke München – Stuttgart – Zürich bzw. aus Westdeutschland kommend über Basel nach Zürich und weiter bis Lugano an.

Der weit verzweigte Lago di Lugano vom Monte Brè aus gesehen.

Symbole

	mit Bahn/Bus erreichbar		Standseilbahn
	Einkehrmöglichkeit unterwegs		Seilbahn
	für Kinder geeignet		Fahrt mit Standseilbahn
	Ort mit Einkehrmöglichkeit		Fahrt mit Seilbahn
	Einkehrmöglichkeit	†	Gipfel
	Selbstversorgerhütte, Getränke	)(	Pass, Sattel
P	eingerichteter Parkplatz		Kirche, Kapelle
	Bahnanschluss		Aussichtsplatz

Zum Gebrauch des Führers

Das Inhaltsverzeichnis gibt einen Überblick über die Wandervorschläge, die nach touristischen Gebieten gegliedert sind – die sich jedoch oft auch mit den einzelnen Tälern decken. Den Touren vorangestellt ist ein kurz abgefasster Informationsteil, der die wesentlichen Angaben zur Anfahrt, zum Ausgangspunkt, zu Gehzeiten, Schwierigkeit, Einkehr- und Übernachtungsmöglichkeiten und Sehenswürdigkeiten enthält. Eine farbige Routenkarte im Maßstab 1:50.000 zeigt den Wegverlauf. Zahlreiche Farbbilder ergänzen neben der ausführlichen Wegbeschreibung die Information.

Ausgangspunkt

Die Touren beginnen grundsätzlich an einem Ort, der mit privaten oder öffentlichen Verkehrsmitteln erreichbar ist. Wo nötig, wird besonders auf die Benutzung öffentlicher Verkehrsmittel hingewiesen (z.B. bei Touren, wo der Ausgangsort nicht gleich dem Zielort ist oder wo am Ausgangspunkt nur gebührenpflichtige Parkplätze zur Verfügung stehen).

Gehzeiten

Die Zeitangaben sind reine Gehzeiten, ohne Pausen. Bei längeren Touren werden häufig auch Zeiten für einzelne Etappen angegeben. Auch wird die Abstiegs- und die Gesamtgehzeit vermerkt. Die Zeitangaben auf den Wegweisern vor Ort sind häufig sehr knapp bemessen – besser also mehr Zeit einplanen, damit es keine unangenehmen Überraschungen gibt.

Anforderungen

Die Tessiner Gebirgslandschaft weist von Süden nach Norden auf einer Luftlinie von nur 60 Kilometern alle Klima- und Vegetationsstufen, von der mediterran geprägten Seenlandschaft bis hin zum Gletschergipfel auf. Dementsprechend vielfältig ist das Wegenetz im Tessin. Allein die Höhenunterschiede zwischen den tief eingeschnittenen Tälern und den Gipfeln sind beachtlich.

Im gesamten Kanton wurde, um das Überleben zu sichern, eine intensive Almwirtschaft betrieben. Folge davon war ein dichtes, mit großem Aufwand angelegtes Saumwegenetz. Viele Pfade sind mittlerweile überwachsen, doch in großen Teilen ist das Geflecht noch erhalten bzw. wird wieder zu touristischen Zwecken instand gesetzt. Diese Wege verbanden ursprünglich die Dörfer im Tal mit den Maiensäßen (Monti) und den Hochalmen (Alpi). In oft abenteuerlicher Wegführung wurden durch die steilen Bergflanken – wo nötig – Stufen in den Fels geschlagen, Leitern gelegt, Trockensteinmauern aufgeschichtet und ganze Abschnitte mit Steinplatten gepflastert.
Die leichten, kurzen Wanderungen sind deshalb vorwiegend im Sotto Ceneri, die anspruchsvolleren im Sopra Ceneri zu finden. Obwohl die Wege gut beschildert sind, ist häufig Trittsicherheit erforderlich, bei einigen sogar Schwindelfreiheit und Orientierungsvermögen. Alle hier vorgestellten Touren sind jedoch für den Normalwanderer zusammengestellt, erfordern also keine speziellen alpinistischen Kenntnisse. Zur besseren Einschätzung der unterschiedlichen Schwierigkeiten bei den einzelnen Routen sind die Wandervorschläge mit verschiedenen Farben gekennzeichnet:

Leicht Diese Wege sind gut markiert oder klar ersichtlich, ungefährlich und nur mäßig steil. Sie erfordern keine Bergerfahrung und können in der Regel auch bei Schlechtwetter begangen werden. Sie sind aber keine Spaziergänge, setzen also gutes Schuhwerk und eine gewisse Ausdauer voraus.

Mittel Diese Routen stellen erhöhte Anforderungen an das Orientierungsvermögen und an die körperliche Verfassung. Ausgesetzte Stellen sind selten und werden im Text extra erwähnt.

Schwierig Die so gekennzeichneten Routen erfordern Trittsicherheit, Schwindelfreiheit und eine gewisse Bergerfahrung. Sie sollten nicht bei unsicheren Wetterverhältnissen begangen werden.

Markierungen

Das in der gesamten Schweiz – und damit auch im Tessin – unterhaltene und markierte Wegenetz ist weltweit vorbildlich. Die heute verwendeten Markierungen wurden bereits im Jahre 1934 entwickelt. Es werden drei Kategorien unterschieden:
Wanderwege (gelbe Markierung in Form von Rauten oder Rechtecken): Gelbe Tafeln zeigen Wanderwege an, die von jedermann ohne besondere Gefahr mit normaler Ausrüstung begangen werden können. Sie zeigen den Standort mit Höhenangabe, das Nahziel, das Zwischenziel und das Endziel an.
Bergwanderwege (weiß-rot-weiße Markierung in Form von Rauten oder Rechtecken): Diese Wanderungen stellen erhöhte Anforderungen an die Begeher; gutes Schuhwerk, wetterfeste Kleidung und gelegentlich Orientie-

Blick von der Großalp über das Valle di Bosco nach Osten.

rungssinn sowie Trittsicherheit und Schwindelfreiheit sind erforderlich.
Alpine Routen (weiß-blau-weiße Markierung): Diese Routen weisen alpine Gefahren auf. Berg- und zuweilen Klettererfahrung sowie Kenntnisse im Begehen von Gletscherpassagen sind notwendig.

Ausrüstung

Feste Bergschuhe mit Profilgummisohle müssen sein. Auf den häufig gestuften, oft mit Steinplatten ausgelegten Wegen ja keine Turnschuhe verwenden, denn sie bieten eindeutig zu wenig Halt. Grundsätzlich sollte ein Regenschutz und eine warme Jacke (Faserpelz) oder ein Pullover mitgeführt werden. Da die Anstiege oft schweißtreibend sind, Unterwäsche zum Wechseln und ein Ersatzhemd einpacken. Da man nie sicher sein kann, ob eine Hütte bewirtschaftet ist, immer ein wenig Proviant und eine Wasserflasche mitnehmen. Im Herbst gibt es viele Beeren und Kastanien, warum nicht ein Gefäß dafür vorsehen. Und vor der Sonne schützt ein Hut – über der Waldgrenze nahezu unabdingbar.

GPS-Tracks und Koordinaten der Ausgangspunkte

Zu diesem Wanderführer stehen auf www.rother.de GPS-Tracks und Koordinaten der Ausgangspunkte zum kostenlosen Download bereit.
9. Auflage, Passwort: **407809gwp**

Karten

Die Landeskarten der Schweiz (LKS) in den Maßstäben 1:50.000 und 1:25.000 sind ob ihrer Genauigkeit und plastischen Darstellung zu Recht berühmt (Hinweis: seit 2014 werden alle Karten graphisch überarbeitet). Das in diesem Führer vorgestellte Gebiet findet sich auf den Kartenblättern (im Maßstab 1:50.000) mit den Nummern 265, 266, 275, 276, 277, 285, 286, 287 und 296. Vom Verlag Kümmerly + Frey gibt es Blattschnitte, die die wichtigsten Gebiete zusammenfassen, es sind dies die Wanderkarten »Maggia – Verzasca – Locarno – Ascona« (1:50.000), »Lago Maggiore« sowie »Ticino Sopraceneri« und »Ticino Sottoceneri« (jeweils Maßstab 1:60.000). Die Kompass-Wanderkarten (1:50.000) gibt es für die Gebiete »Valle Maggia – Verzasca«, »Südtessin«, »Lago di Como – Lago Lugano« sowie »Lago Maggiore – Lago di Varese«. Es gibt noch weitere Kartenblätter (z.B. bei Quadraconcept, 11 Blätter im Maßstab 1:25.000, die das gesamte Tessin abdecken).

Jahreszeit und Wetter

Auch wenn sich der Kanton Tessin gerne als »Sonnenstube der Schweiz« apostrophieren lässt, muss man mit großen Niederschlagsmengen rechnen (vor allem zwischen April und Oktober). Längere Schlechtwetterperioden sind jedoch selten. Im Herbst kann man mit der besten Fernsicht rechnen. Allein die Wandertage auf das frühe Frühjahr und auf den Spätherbst zu beschränken, würde uns um das Erlebnis der grünen Hochmatten, der wenigen bestoßenen Almen und der Blumenpracht im Sommer bringen.
Im Gebiet rund um die Seen sind Frosttage selten, das heißt wir können dort auch Wintertage zu Wandererlebnissen nutzen, wenn die verschneiten Täler und Gipfel des hochalpinen Sopra Ceneri nicht zugänglich sind.

Die Capanna Tamaro nach Schneefall Ende Mai.

Italienisch (und Tessiner Begriffe) für Bergwanderer

albergo	Gasthaus/Hotel
alpe/alpi	Hochalm(en), oft in verwegen hoher Lage angelegt und nur im Juli/August bestoßen
alto/alta	hoch
basso/bassa	niedrig/tief
bocchetta	Scharte/Pass
bosco	Wald
buon giorno	Guten Tag
bun di	Guten Tag (T. Dialekt)
cà	Haus
capanna	Schutzhütte
casa	Haus
cima	Bergspitze
collina	Hügel
con allogio	Privatzimmer
corte	Hof
cresta	Grat
dintorni	Umgebung
dosso	Höhenrücken
fermata	Haltestelle
fiume	Fluss
formaggio	Käse
funiculare	Standseilbahn
funivia	Seilbahn
grotto	typische Tessiner Weinschänke (oft mit Steintischen) mit vorwiegend kalter Küche
lago	See
laghetto	kleiner See
Maiensäß	Bergdorf in Talnähe, das ganzjährig bewohnt wurde, in der Regel verlassen oder zur Feriensiedlung umfunktioniert
Merlot	Tessiner Weinsorte
monti	siehe Maiensäß
Nostrano	Tessiner Rotwein
pian/piano	eben/Ebene
pizzo	Berggipfel
ponte	Brücke
praa	Weidegebiet
ri	Wildbach
rustico	Tessiner Steinhaus heute oft Feriensiedlung
Salve	Sei gegrüßt
sentiero	Wanderweg
sentierone	großer Wanderweg
San/SS.	heiliger, die Heiligen
sotto	unten
sopra	oben
stazione	Haltestelle
strada	Straße
val/valle	Tal
vallone	großes Tal
via	Weg, Route

Abkürzungen

Cap.	Capanna
CAS (SAC)	Club Alpino Svizzero
Hm	Höhenmeter
Jh.	Jahrhundert
mark.	markiert
Mark.	Markierung
Rif.	Rifugio
S.	San (Heiliger)
WW	Wegweiser

Schutzhütten und bewirtschaftete Almen

Die vorgestellten Routen wurden so ausgewählt, dass nahezu immer mit einer Einkehrmöglichkeit zu rechnen ist, sei es eine Hütte des CAS, eine Privathütte, eine bewirtschaftete Alm oder ein Grotto bzw. eine Osteria. Die Hütten des CAS sind immer offen (Selbstversorgerhütten mit Hüttenkasse), und wenn der Hüttenwart anwesend ist, kann manchmal auch ein Menü bestellt werden. Die Hüttendichte (über 80) im Tessin ist enorm. Auf einigen der im Sommer bewirtschafteten Alpen kann Milch, Käse oder sogar selbst gebackenes Brot gekauft werden. www.capanneti.ch

Wichtige Telefonnummern und Adressen

Schweizer Wetterdienst

www.meteoschweiz.ch

Notruf

112 (nur Handy) oder 1414 (Bergrettung Schweiz, Notfunk-Kanal)

Auskünfte und Infomaterial

Schweiz Tourismus: www.myswitzerland.com
Deutschland: Mendelssohnstr. 87, D-60325 Frankfurt, Tel. 00800 10020029
Tessin: Ticino Turismo, Via Canonico Ghiringhelli 7, CH-6500 Bellinzona, Tel. +41 91 8257056, www.ticino-tourism.ch

Wandern

Club Alpino Svizzero (CAS) in Bellinzona, www.sac-cas.ch.
www.alpi-ticinesi.ch, www.ticinosentieri.ch, www.capanneti.ch

Schifffahrt

Lago Maggiore: Tel. +41 91 7516140 (Locarno); Tel. +41 91 7912074 (Ascona); www.navlaghi.it
Lago di Lugano: Tel. +41 91 2221111, www.lakelugano.ch

Bergbahnen, Busverbindungen und Schifffahrt

Folgende Bergbahnen sind während der Wanderzeit in Betrieb (vorwiegend Mai bis Ende September, genaue Betriebszeiten unbedingt erfragen): Monte Generoso (Zahnradbahn), Monte Lema (Gondelbahn), Monte Tamaro (Gondelbahn), Brusino-Arsizio (Sessellift), Monte San Salvatore und Monte Bré (jeweils Standseilbahn), Cardada-Cimetta (Zahnradbahn, Gondelbahn und Sessellift), Verdasio in den Centovalli (zwei Gondelbahnen), Intragna (Gondelbahn), Saléi Vecchi von Zott im Vergelettotal (Gondelbahn), San Carlo im Bavonatal (Robiei-Gondelbahn), Monte Carasso (Gondelbahn), Rodi-Fiesso (Gondelbahn), Piotta (Ritóm-Standseilbahn) und Airolo (Gondelbahn).
Jedes bewohnte Tal wird mit dem öffentlichen Busnetz (PTT) versorgt – eine ideale Alternative zur Anfahrt mit dem eigenen Pkw, da in touristischen Orten die Parkplätze oft gebührenpflichtig sind oder nur für die Einheimischen ausreichen. Fahrkarten sind u.a. auf den Postämtern erhältlich, können aber auch im Bus gelöst werden (www.sbb.ch).
Auf Initiative von Mountain Wilderness Schweiz und unterstützt durch die Schweizerische Eidgenossenschaft wurde das Projekt »AlpenTaxi« gegründet. Es soll Wanderern und Bergsteigern ermöglichen – ergänzend zu den Transportdienstleistungen des öffentlichen Verkehrs – schnell und umweltfreundlich ihre Ausgangspunkte zu erreichen bzw. von Endpunkten abgeholt zu werden. »Alpentaxi« ist also ein Zusammenschluss von Rufbussen, Taxis und Seilbahnen, der es ermöglicht, auch entlegene Ziele zu erreichen. Dazu gibt es eine Webseite (www.alpentaxi.ch), die hilft für jede Region – in diesem Fall für das Tessin – die richtige Transportmöglichkeit mit Telefonnummer zu finden.
Zusätzlich zu den Bussen und Schiffen gibt es im Tessin neben den Schweizer Staatsbahnen (SFF) auch den Regionalverbund TILO (Treni regionali Ticino Lombardia), der die Lombardei und das Tessin in komfortabler Weise

miteinander verbindet. Die Züge fahren nahezu im Stundentakt.
Auf dem Lago Maggiore und auf dem Luganer See gibt es regelmäßige Schiffsverbindungen. An allen wichtigen Uferorten gibt es Anlegeplätze. Bei den Touren 5 und 14 lohnt sich die Inanspruchnahme dieses Services.
Evtl. ist der Erwerb eines »Ticino Tickets« sinnvoll.

Öffnungszeiten

Die Geschäfte sind von Montag bis Freitag in der Regel von 8.30 – 12.30 und von 13.30 – 18.30 (Do. bis 21 Sa. bis 17) Uhr geöffnet.
Die Banken haben in allen größeren Orten von 9 – 12 und von 14 – 16.30 Uhr, an einzelnen Tagen bis 17.30 Uhr geöffnet. Die Postämter sind Montag bis Freitag von 7.30 – 12 und 14 – 18 Uhr, am Samstag von 8 – 11 Uhr geöffnet.

Telefonieren

Öffentliche Telefonzellen gibt es bei Postämtern, in Bars sowie an öffentlichen Plätzen. Überwiegend findet man neuerdings Fernsprecher mit Telefonkarten (sog. Taxcards), Münzautomaten hingegen eher selten. Seit 1995 gilt für das gesamte Tessin die Vorwahlnummer 091.

Top-Touren im Tessin

Vom Monte San Salvatore nach Morcote

Höhenwanderung über einen der schönsten Aussichtsberge über dem Luganer See (Tour 4, 3 Std.).

Monte Brè und Monte Boglia

Mit Standseilbahn zum Künstlerdorf Bré, dann Höhenwanderung zur Alpe Bolla (Tour 9, 7.30 Std.).

Über die Denti della Vecchia

Aussichtsreiche Gratwanderung über die weißen Kalkzähne der Luganeser Dolomiten (Tour 11, 5 Std.).

Monte Tamaro von Rivera

Bequeme Seilbahntour zu einem großartigen Panoramaberg und zur gleichnamigen Capanna (Tour 13, 7.15 Std. bzw. bei Benutzung der Seilbahn 5.30 Std.).

Von Cardada nach Mergoscia

Großartige Streckenwanderung über den Dächern von Locarno (Tour 19, 3.30 Std.).

Pilone

Zu einem aussichtsreichen Grenzgipfel über dem Onsernonetal (Tour 28, 5 Std.).

Lago und Capanna d'Alzasca

Aus dem Vergelettotal zu einem malerischen Bergsee und einer Selbstversorgerhütte (Tour 29, 8.30 Std.).

Bosco-Gurin – Alpe Mater – Corino

Großartiges Wandererlebnis über dem letzten Walserdorf im Tessin (Tour 34, 5.30 Std.).

Capanna Basòdino und Lago di Robiei

Umrundung eines Bergsees am Gipfelfuß des Basodino, dem höchsten Gipfel ausschließlich auf Tessiner Boden (Tour 38, 6.15 Std.),

Lago Ritóm

Mit steiler Standseilbahn zum größten Tessiner Bergsee mit anschließender Höhenwanderung (Tour 48, 4.30 Std.).

Regionen, Täler und Talorte

Malcantone

Dieses westlich von Lugano gelegene, waldreiche Tal- und Hügelland wird vom Luganer See, den Flüssen Tresa und Vedeggio sowie der Bergkette Monte Lema – Monte Tamaro begrenzt. Es gilt als kulturhistorisch reiche, zugleich aber landschaftlich relativ unberührte Region im Tessin. Der Name leitete sich von den früher zahlreich betriebenen Hammerschmieden (»Magli«) ab. Kurvenreiche, aber gut ausgebaute Straßen und Postautobusverbindungen erschließen den Malcantone bis in die hintersten Winkel. Das sonnenreiche Klima, die windgeschützte Lage, die vielfältige Vegetation und auch die hohe Dichte an Grotti machen den Malcantone zu einem beliebten Wandergebiet. Ausflugsberg par excellence ist der Monte Lema, 1620 m, der durch eine Kleinkabinenbahn erschlossen ist und im Sommer den Wanderern, im Winter den Skifahrern gute Dienste leistet. Siehe Tour 1 und 2.

Ceresio

Die markanteste Erhebung der wie ein Horn in den Luganer See ragenden Halbinsel ist der Monte San Salvatore, 915 m, der im Westen von der Collina d'Oro flankiert wird. Vermutlich lässt sich der Name vom keltischen »Keresios« ableiten, was so viel wie Horn heißt und treffend die Form dieser kleinen Landzunge wiedergibt. Das Ceresio zählt zu den ältesten Ferienregionen des Tessins. Das feuchtwarme Klima hat an diesem steil aus dem See ragenden Kalkmassiv eine artenreiche Flora entstehen lassen. Dichter Buschwald (u.a. Kastanien) macht das Gebiet zu einem angenehmen Wandergebiet. Siehe Tour 3 und 4.

Die Kirche Santa Maria del Sasso von Morcote mit ihrem berühmten Friedhof erreicht man über einen kunstvoll angelegten Treppenweg.

Carona, 599 m. Das vermutlich schon zur Eisenzeit besiedelte Gebiet um Carona liegt in aussichtsreicher Lage inmitten des Bergrückens, der sich vom Monte San Salvatore zum Monte Arbbstora zieht. Im stark verwinkelten Dorf finden wir neben der Pfarrkirche San Giorgio aus dem Jahre 1598 zahlreiche stilvolle Bürgerhäuser mit Sgraffiti und Reliefs. Der Ort ist Heimat zahlreicher Künstlerfamilien. Centro Sportivo mit Schwimmbad am Dorfrand.

Morcote, 272 m. Ehemaliges Fischer- und Weindorf am steilen Südhang des Ceresio, das bereits im 14. Jh. städtische Privilegien erhielt; heute zusammen mit dem Nachbarort Vico Morcote einer der beliebtesten Ferienorte im Tessin. Morcote weist eines der schönsten Ortsbilder der Schweiz auf. Sehenswert ist die in aussichtsreicher Lage hoch über dem Dorf gelegene Pfarrkirche Santa Maria del Sasso aus dem 15. Jh. (später barockisiert). Die Kirche mit dem berühmten Friedhof erreicht man über eine kunstvoll angelegte Treppe mit 313 Stufen. Am westlichen Ortsrand befindet sich der fantasievoll angelegte Parco Scherrer mit seltenen Pflanzen aus aller Welt.

Melide, 276 m. Bereits im 9. Jh. erwähntes Fischerdorf mit altem Ortskern. Sehenswert sind die Pfarrkirche SS. Quirico e Giulietta mit Renaissanceportal und Swissminiatur (in über 100 Modellen im Maßstab 1:25 werden bekannte Bauten der Schweiz gezeigt). Der Damm von Melide verbindet seit 1847 das Ceresio mit dem Mendrisiotto.

Mendrisiotto und Basso Ceresio

Südlichster Zipfel der Schweiz – das Mendrisiotto reicht von Capolago bis an die italienische Grenze bei Chiasso – Basso Ceresio wird die Umrahmung des südöstlichen Seitenarms des Luganer Sees genannt. Der für die Region charakteristische Tabakanbau hat seine frühere Bedeutung verloren. Landwirtschaft wird zwar nach wie vor betrieben, hat sich aber auf Obstanbau und Weinbau verlagert. Abseits der Hauptrouten lassen sich nach wie vor stille, reizvolle kleine Ortschaften und südliche Heiterkeit entdecken. Für den Wanderer sind die Seitentäler entdeckenswertes Revier; das Valle di Muggio gilt sogar als eines der schönsten Bergtäler im Tessin. Heute wird es als das »Museumstal des Tessins« bezeichnet. Das Bild beherrschen jedoch die beiden letzten Ausläufer der Voralpen, der Monte Generoso, der durch eine Zahnradbahn erschlossen ist, und der Monte San Giorgio mit seinen berühmten Fundstellen prähistorischer Fossilien. Siehe Tour 5 bis 8.

Mendrisio, 354 m. Hauptstadt des Mendrisiotto, am Fuße des Monte Generoso, in der am stärksten industrialisierten Gegend des Tessins. Die Altstadt (il Borgo) mit ihrem unverkennbar lombardischen Einfluss ist der Stolz der Stadt. Neben den stattlichen Bürgerhäusern und Palazzi (u.a. der Palazzo Pollini aus den Jahren 1719/20, der zu den bedeutendsten Barockbauten

Bellinzona kann mit drei gut erhaltenen Burganlagen aufwarten.

des Tessins zählt) ist der Ort reich an kunsthistorisch wertvollen Sakralbauten: so z.B. das ehemalige Servitenkloster, die Kirche Cosma e Damiano (monumentalster Kirchenbau des 19. Jh. im Tessin) und die Kirche San Martino. Bahnstation. Ausgangspunkt für Touren in das Valle Muggio.

Riva San Vitale, 273 m. Der bereits in vorgeschichtlicher Zeit besiedelte Ort am Fuße des Monte San Giorgio weist mit dem Baptisterium das älteste noch existierende kirchliche Bauwerk der Schweiz auf. Unübersehbar und beeindruckend die Renaissancekuppelkirche Santa Croce; sie gehört zu den bedeutendsten kirchlichen Bauten dieser Epoche in der Schweiz.

Lugano, 272 m, mit Umgebung

Zwei eiszeitliche Gletscher haben den Luganer See geformt. Der 300 Meter tiefe See mit seinen zahlreichen Seitenarmen liegt – im Gegensatz zum Lago Maggiore – nahezu völlig auf Schweizer Boden. Die Region Luganese schließt im Norden an die Täler Vedeggio und Valcolla, im Süden an den Luganer See an. Die Stadt, die dem See den Namen gab, kann als die bedeutendste unter den Tessiner Städten gelten, in wirtschaftlicher wie in touristischer Hinsicht. Eingerahmt von den beiden »Hausbergen« Monte San Salvatore und Monte Brè (beide sind mit Standseilbahnen von den Stadtteilen Paradiso bzw. Cassarate erreichbar und stellen ideale Wandergebiete dar) weist sie ein besonders mildes Klima auf, für das sie auch berühmt ist. Lugano gilt zudem als der sonnenreichste Ort Mitteleuropas. Neben der landschaftlichen Einbettung, die ihresgleichen in Europa sucht, weist die Stadt zahlreiche sehenswerte Bauten auf, die überwiegend im Bereich der

Fußgängerzone – Piazza della Riforma, Piazza Rezzonico, Piazza Manzoni – liegen, so z.B. die Kirchen Santa Maria degli Angioli und Santa Maria di Loreto, die Kathedrale San Lorenzo, aber auch prächtige Bürgerpaläste wie der Palazzo Riva. Überdies ist Lugano mit zahlreichen Parks und Museen (z.B. Museo Cantonale di Storia Naturale) ausgestattet. Siehe Tour 9 bis 12.

Gandria, 290 m. Reizvoll an den Hang geschmiegtes, ehemaliges Fischerdorf mit verwinkelten Treppenwegen und romantischen Innenhöfen. Eine der touristischen Ikonen des Tessins. Idyllischer Fußweg am See entlang von Gandria nach Castagnola bei Lugano (3 km).

Lago d'Origlio, 416 m. Beliebtes Ausflugsgebiet der Luganeser bei Ponte Capriasca. Der mittlerweile unter Naturschutz stehende See dient seltenen Vögeln als Brutstätte. In der Nähe des Sees führt ein Naturlehrpfad vorbei, der bei Lamone beginnt und über San Zenone und Origlio nach Taverne-Torricella führt.

Gambarogno

Diese touristische Einheit umfasst das südöstliche Ufer des Lago Maggiore und reicht von Magadino bis zur italienischen Grenze; im Süden und Osten wird es von der Gipfelregion des Monte Gambarogno und des Monte Tamaro begrenzt. Ein schmaler Uferstreifen und steile Berghänge sind das Kennzeichen dieser Region. Eine südliche Vegetation und unverfälscht gebliebene Dörfer laden zu ausgedehnten Wanderungen durch die Kastanienhaine und Weinberge ein. Die Gipfelregion vermittelt fantastische Panoramablicke. Von Magadino führen markierte Wege in das Naturschutzgebiet »Bolle di Magadino«, das sich im Mündungsgebiet von Ticino und Verzasca in den Lago Maggiore befindet und seltene Vogelarten sowie botanische Raritäten aufweist. Siehe Tour 13 bis 15.

Indemini, 938 m. Oberste Gemeinde des Veddascatals mit reizvollen alten Gassen, Torbögen und Holzlauben. Das Dorf wurde erst in den Jahren 1917-1920 durch die Passstraße über den Corte di Neggia mit dem Schweizer Gebiet verbunden. Die Kirche San Bartolomeo stammt überwiegend aus dem 19. Jh., nur der Chor ist früher datiert. Kleines volkskundliches Museum im Ort. Die lange Abgeschiedenheit hat zu starker Entvölkerung geführt.

Bellinzona, 227 m, mit Umgebung

Die heutige Hauptstadt des Tessins war schon im Mittelalter Einfallstor zum Süden und dementsprechend eine jahrhundertelang aufwändig befestigte Stadt. Drei gut erhaltene große Burgen (Castello Grande, Castello di Sasso Corbaro und Castello Montebello zählen zum Weltkulturerbe der Unesco) und eine reizvolle Altstadt mit lombardischem Gepräge bestimmen noch heute ihr Erscheinungsbild. Zentrum ist die Piazza Collegiata und die Piazza Nosetto. Sehenswert sind die Kollegiatskirche SS. Pietro e Stefano, die Kirche Santa Maria delle Grazie, die Kirche San Biagio und das Rathaus. Alle drei Burgen sind zugänglich und können besichtigt werden; in zwei der drei Burgen sind Museen (z.B. das Tessiner Volkskundemuseum) untergebracht. Großer Sportplatz mit Freibad in Zentrumsnähe. Klettergarten »Palestra di roccia San Paolo« einen Kilometer nördlich des Bahnhofs von Bellinzona. Obwohl touristisch eher vernachlässigt, bietet die Umgebung von Bellinzona reizvolle Möglichkeiten zu Ausflügen: z.B. die Auffahrt mit der Seilbahn auf die Monti di Mornera, 1400 m, von Carasso, oder der Abstecher auf die Monti di Laura, 1372 m (Zufahrt über Roveredo). Wandermöglichkeiten direkt aus dem Zentrum auf die Monti di Artore, Monti di Ravecchia bzw. Monti di Daro. Siehe Tour 16 bis 18.

Locarno, 205 m

Tiefstgelegene größere Stadt der Schweiz mit besonders mildem und nebelfreiem Klima in einzigartiger Lage am Lago Maggiore. Direkt aus der Stadt steigt der Hausberg Cardada-Cimetta (durch Seilbahnen erschlossen) empor, der den Wanderer im Sommer und Herbst, den Skifahrer im Winter magisch anzieht, denn von seinen Höhen hat man einen unvergleichlichen Blick auf den Lago Maggiore. Locarnos touristische Anfänge gehen deshalb auch bis ins letzte Jahrhundert zurück. War die Stadt noch bis vor kurzem Nadelöhr für die Autofahrer in die westlichen Täler, wurde mittlerweile dieses Problem durch eine Tunnelumfahrung gelöst. Zentrum der noch gut erhaltenen Altstadt von Locarno ist die Piazza Grande, auf der sich nicht nur das wirtschaftliche, sondern auch das gesellschaftliche Leben abspielt. Sehenswert sind neben der Seepromenade vor allem das früher für uneinnehmbar gegoltene Castello Visconteo (heute Sitz des Museo Cicivo), das jedoch nur noch in Teilen erhalten ist, die Klosterkirche San Francesco, die Kirche Santa Maria in Selva, die Kirche Sant' Antonio Abate, das Augustinerinnenkloster Santa Caterina, das Municipio, die Patrizierhäuser Casorella, die Casa Simona, die Casa del Negromante und der Palazzo Rusca-Bellerio. Über der Stadt, auf einem Felssporn gelegen, thront die berühmte Wallfahrtskirche Madonna del Sasso aus dem 16./17. Jh., die mittels einer Standseilbahn bequem aus dem Herzen der Stadt heraus erreicht werden kann.

Verzascatal

Das knapp 30 Kilometer lange, tief in die Berge eingeschnittene Tal war bis zur letzten Jahrhundertwende schwer zugänglich und ernährte seine Bewohner kaum. Die meisten Bauern hatten deshalb zusätzlich in der Magadinoebene Weinberge und Obsthaine erworben. Doch die Landflucht war nicht aufzuhalten. Das Verzascatal wies in den Jahren zwischen 1850 und 1950 die stärkste Abwanderung aller Schweizer Täler auf. Mit dem Bau der

Blick über das an einem steilen Hang gebaute Corippo ins Verzascatal.

Straße im 19. Jh. sowie der Errichtung des Vogorno-Staudammes hat sich der Charakter des Tales nur unwesentlich verändert. Lediglich die wilde Schlucht am Taleingang ist verschwunden. Auch heute noch gibt es in diesem engen Tal keinen größeren Ort und auch kaum touristische Einrichtungen, es sind vorwiegend Tagesausflügler, die ihm einen Besuch abstatten. Dieses Tal eignet sich deshalb ideal für Wanderungen, sei es entlang der grünen Verzasca, sei es in die unberührten, teils recht steilen Seitentäler Val d'Orgnano, Val d'Osura oder Val Redorta bis hinauf zu den weit oberhalb gelegenen Alpsiedlungen und Gipfeln. Siehe Tour 20 bis 23.

Corippo, 563 m. Das seit 1975 unter Denkmalschutz stehende, an einem steilen Hang gebaute Dorf war noch im 19. Jh. ein Zentrum der Leinenweberei, heute leben dort nicht mehr als 50 Personen. Corippo dürfte das Tessiner Dorf mit der höchsten Abwanderungsquote sein. Das intakte Ortsbild ist besonders durch seine offenen Giebelseiten sowie die weiß gekalkten Fensterränder bemerkenswert.

Lavertezzo, 536 m. Hauptort des mittleren Verzascatals und unter der Herrschaft der Landvögte auch Gerichtsplatz. Am Ortsrand befindet sich die berühmte mittelalterliche Doppelbogenbrücke »Ponte dei Salti«, die die grüne Verzasca überspannt. Im Ort findet man die Pfarrkirche Santa Maria degli Angeli aus dem 16. Jh.

Blick von der Uferpromenade in Ascona auf die Hänge der Corona dei Pinci.

Ascona und Brissago

Diese beiden kleinen touristischen Regionen weisen durch ihre geschützte Lage am Lago Maggiore ein besonders mildes Klima mit hoher Sonneneinstrahlung auf. Zusammen mit der idealen Bodenbeschaffenheit gedeihen in dieser Ecke des Tessins zahlreiche subtropische und exotische Pflanzen. Das Hügelgebiet oberhalb von Ascona und Brissago stellt ein schönes Wandergebiet dar. Siehe Tour 24.

Brissago, 215 m. Das Dorf Brissago hatte in der Geschichte des Tessins immer eine Sonderstellung eingenommen – im Mittelalter war es eine selbständige Republik, während der Herrschaft der Vögte behielt es weitgehend seine Selbstverwaltung. Heute ist es vor allem durch seine Tabakindustrie bekannt, die den Namen durch die nach dem Ort benannte Zigarre in alle Welt trägt. Sehenswert sind die Kirchen SS. Pietro e Paolo und Santa Maria di Ponte (südlich vom Ort, am Seeufer), die Casa Borrani und die Tabakfabrik, die nach Voranmeldung beim Tourismusbüro besichtigt werden kann.

Ronco sopra Ascona, 350 m. Malerisch gelegenes Dorf zwischen Ascona und Brissago am Berghang der Corona dei Pinci. Bis in die siebziger Jahre Künstlerdomizil. Sehenswert sind neben den engen Gassen, den Steinbögen und Seitentreppchen an den Wohnhäusern die Kirche San Martino aus dem 15. Jh., die Kirche Santa Maria delle Grazie sowie die Casa Ciseri, das ehemalige Wohnhaus des berühmten Künstlers, das heute als Museum eingerichtet ist.

Ascona, 199 m. Eine der ältesten Siedlungen am Lago Maggiore. Im Mittelalter verfügte der Ort über drei mächtige Burgen, die miteinander durch unterirdische Gänge verbunden waren; heute sind davon nur mehr Reste vorhanden. Sehenswert ist die kleine Altstadt mit dem Collegio Papio und der Kollegiatskirche Madonna della Misericordia, der Casa Serodine und der Pfarrkirche Pietro e Paolo. Das mondän-touristische Leben spielt sich überwiegend auf der Piazza Motta, der Seepromenade, ab. Am Monte Verità befindet sich ein Museumsparcours mit der Casa Anatta, der das Leben der Aussteiger um die vorletzte Jahrhundertwende dokumentiert.

Isole di Brissago, 200 m. Die zwei einzigen Inseln im Lago Maggiore auf Schweizer Boden sind durch ihren paradiesischen Reichtum an Pflanzen und Sträuchern aus der ganzen Welt berühmt. Die größere ist der Allgemeinheit zugänglich, die kleinere dient Forschungszwecken.

Centovalli und Valle Onsernone

Das zerklüftete »Tal der hundert Täler« und sein höher gelegenes Seitental, das Valle Onsernone, im Westen von Locarno waren bis in unser Jahrhundert nur durch Saumwege erschlossen. Die Flüsse Melezza und Isorno haben sich dort so tiefe Schluchten gegraben, dass ihr Lauf kaum einsehbar ist. Die Dörfer wurden deshalb überwiegend an den sonnigen Hanglagen hoch oben errichtet und gleichen kleinen Nestern aus Stein. Die 1923 errichtete Centovallibahn erschließt in aufregender Wegführung das Tal – gerade auch für Bergwanderer. Im Onsernonetal war jahrhundertelang die Strohflechterei zu Hause und verhalf den Bewohnern zu bescheidenem Wohlstand. Durch eine gewundene Straße sind die auf der Sonnenseite des Tales gelegenen Dörfer miteinander verbunden. Schöne Wandermöglichkeiten im Bereich von Loco/Auressio, Comologno und Spruga. Siehe Tour 25 bis 28.

Intragna, 339 m. Dorf am Eingang des Centovallitals mit wildromantischer Umgebung; zur Gemeinde gehören auch die Nachbarorte Rasa, Verdasio und Corcapola. Bahnhof der Centovallibahn, die ins italienische Vedeggiotal führt. Seilbahn zu den kleinen Dörfern Pila und Costa oberhalb. Intragna verfügt über einen reizvollen Dorfplatz mit schönen Bürgerhäusern. Der Turm der Pfarrkirche San Gottardo ist mit 65 m der höchste im Tessin. Weiterhin sehenswert sind die Casa Maggetti und das Regionalmuseum. Intragna ist Ausgangspunkt für Wanderungen z.B. nach Pila bzw. Costa.

Valle di Vergeletto

Seitental des Valle Onsernone mit dem gleichnamigen Dorf Vergeletto. Bietet Wanderern, die Abgeschiedenheit lieben, zahlreiche interessante Möglichkeiten, so z.B. den Aufstieg zur Alpe di Pocaresc. Das tief eingeschnittene, karge Bergtal war in früheren Zeiten ein Zentrum der Strohflechterei.

Maggiatal

Eines der großen, noch ursprünglich gebliebenen Täler des Tessins. Der namengebende Fluss, die Maggia, wird durch mehrere Seitenarme gespeist, so durch die Melezza, die Rovana und die Bavona. Das Zusammenwirken all dieser Kräfte bildete das Schwemmdelta, auf dem sich dann die beiden Orte Ascona und Locarno entwickeln konnten. Das eigentliche Maggiatal erstreckt sich zwischen Ponte Brolla und Bignasco. In früheren Jahrhunderten verwüstete die »schäumende« Maggia durch zahlreiche Hochwasser zum Teil bedingt durch übermäßige Abholzung der Wälder – wertvolles Kulturland und zwang einen großen Teil der Bevölkerung zur Abwanderung. Auch wenn heute die Wassergewalt durch Regulierung und den Bau von Stauseen gebändigt ist, nach längeren Regenperioden kann sie immer noch zum reißenden Strom werden. Das untere Maggiatal ist relativ breit, wird aber von steilen Berghängen aus Granit gesäumt. Durch seine tiefe Lage verfügt es über milde Temperaturen und ein nahezu südländisches Klima. Bis 1000 Meter Höhe wachsen Kastanien und Eichen, darüber wird die Vegetation aber alpiner und der Laubwald von Nadelbäumen verdrängt. Das obere Maggiatal mit seinen glazialen Trogtälern Val Bavona und Val Lavizzara ist im Norden ohne Ausgang. Gerade diesem Umstand ist es jedoch zu verdanken, dass es seinen Reiz bewahren konnte. Siehe Tour 30 bis 35.

Ponte Brolla, 254 m. Am Eingang zum Maggiatal befindliche Talenge, durch die sich die Maggia in einer sehenswerten Schlucht windet. Beliebtes Ausflugsziel mit Grotti und Bademöglichkeiten.

Maggia, 332 m. Größter Ort im Maggiatal mit z.T. noch alten, steingedeckten Häusern. Sehenswert die Kirchen San Maurizio und Santa Maria delle Grazie in Campagna (1 km südwestlich des Ortszentrums). Reizvolle Tal- und Almwanderungen, z.B. zur Alpe Nimi am alten Saumweg ins Verzascatal (4 Std.).

Cevio, 418 m. Früheres Verwaltungszentrum des Maggiatals. Im 15. Jh. Sitz der Talherren Visconti, dann der eidgenössischen Vögte. In der Casa Pretorio am Dorfplatz wurde Gericht gehalten. Die Fassade zeigt heute noch die Wappen der zwölf Orte sowie der Landvögte, die jeweils für zwei Jahre regierten. Die bedeutendste Familie des Tales, die Franzoni, hat sich mit schönen Patrizierhäusern verewigt. In einem davon ist heute das interessante »Museo Valmaggese« untergebracht. Weiterhin sind sehenswert: die Pfarrkirche San Giovanni Battista sowie die Wallfahrtskirche Santa Maria del Ponte im Ortsteil Rovanna. Hotels, Alberghi und eine Jugendherberge.

Bosco-Gurin, 1503 m. Einzige deutschsprachige und zugleich höchstgelegene Gemeinde des gesamten Tessins im oberen Valle di Bosco. Anfahrt über Cevio auf 16 km langer Asphaltstraße. Das aus dem 13 Jh. stammende

Dorf wurde von Walsern aus dem italienischen Pomattal gegründet. Sehenswertes Dorfbild mit Gotthardhäusern (mit Holzstrickbauweise). In einem von diesen wurde 1938 ein heimatkundliches Museum eingerichtet. Bosco-Gurin ist nicht nur interessantes Wandergebiet, im Winter wird auf der Großalp auch Wintersport betrieben; Sessellift zum Rossboda (2000 m).

Bignasco, 443 m. Dorf am Zusammenfluss der Maggia und der Bavona mit reizvollem alten Dorfkern. Neben der alten Bogenbrücke über die Maggia ist vor allem die Kirche Madonna di Monte aus dem Jahre 1512 sehenswert, die in 736 m über dem Tal thront und in einer knappen Stunde zu erwandern ist.

Bavonatal

Gilt als das wildeste Seitental des Maggiatals. Die namengebende Bavona entspringt am größten Gletscher des Tessins, im Gebiet um den Basodino. Das stark eingeschnittene Trogtal weist keine Dauersiedlungen auf. Unter steilen Felswänden liegen jedoch kleine Sommersiedlungen und saftige Wiesen, die das Gebiet für Wanderer sehr reizvoll machen. Im Foroglio ist der sehr beeindruckende Calneggia-Wasserfall zu bewundern.

Das Dorf Rosed im hinteren Val Bavona.

Heustadel bei Fusio im Lavizzaratal.

Lavizzaratal

Die sich von Bignasco bis Fusio erstreckende Verlängerung des Maggiatals hat ihren Namen von dem dort gebrochenen Serpentinstein, der schon in früher Zeit zur Herstellung von Kochgeschirr verwendet wurde. Hauptort ist Sornico, das einige stattliche Gebäude sowie die Kirche San Martino aufweist. Für Wanderungen eignen sich neben dem Haupttal die Seitentäler Val di Peccia und Val di Prato sowie das Val Sambuco. Siehe Tour 39 und 40.

Fusio, 1289 m. Oberster Ort des Lavizzaratals (50 km von Locarno). Früher führte hier die häufig begangene Passroute über den Passo del Narèt, den Passo Sassello und den Passo Campolungo hinüber ins Bedretto- bzw. ins Leventinatal vorbei. Das Dorfbild wird von Innerschweizer und Tessiner Bauweise bestimmt. Sehenswert ist ebenfalls die barocke Kirche Santa Maria Assunta mit geschnitztem Portal und Weihwasserbecken aus Peccia-Marmor.

Bleniotal

Offenes Seitental zwischen Biasca und Olivone mit dem Beinamen »Val del Sole« (Sonnental). Kurz hinter Biasca trifft man auf die »Büza di Biasca«, einen mächtigen Geröllkegel, der sich im Jahre 1512 nach einem Bergsturz vom Monte Crenone bildete und in der Folge durch aufgestaute Wassermassen den unterhalb gelegenen Talabschnitt nachhaltig verwüstete. Das Bleniotal ist altes Kulturgebiet mit reichen Zeugnissen der Römerzeit und des Mittelalters; hier zogen auch die deutschen Kaiser auf ihrem Weg nach Süden durch. Die Burgruinen von Serravalle und Torre zeugen noch von dieser Zeit. Die ab 1512 herrschenden Landvögte hatten ihre Residenz jedoch im

Dorf Lottigna. Im Bleniotal finden sich drei der bestbesuchten Museen des Tessins (in Olivone, in Lottigna und in Semione). Das Wanderwegenetz ist vor allem auf der Westseite des Bleniotals sowie in den Seitentälern Valle Santa Maria und Val Malvaglia sehr ausgedehnt. Die beiden Hauptwege sind der »Sentiero alto« bzw. der »Sentiero basso di Valle di Blenio«. Siehe Tour 41 und 42. Sessellift Leontica – Pian Nara.

Olivone, 889 m. Hauptort des oberen Bleniotals am Fuße des gewaltigen Sosto, der das Tal nach Norden abschließt, mit einigen Hotels und Gasthäusern. Olivone ist Ausgangspunkt der Straße über den Lukmanierpass. Sehenswert ist der alte Ortskern mit dem Heimatmuseum »CB da Rivöi« und der Pfarrkirche San Martino.

Leventinatal

Das Valle Leventina, das sich geographisch zwischen Airolo und Biasca erstreckt, wird durch zwei ausgeprägte Talstufen in drei Einheiten gegliedert: in das Obere, das Mittlere und das Untere Leventinatal. Mit einem Gefälle von 800 Metern auf 33 Kilometern ist das Leventinatal das am steilsten abfallende südliche Alpental. Es weist damit erhebliche klimatische Unterschiede auf engstem Raum auf und vermittelt anschaulich den Übergang von nördlicher Berglandschaft und Bauweise (Gotthardhaus) zu südlicher Vegetation und Lebenskultur (Tessiner Steinhaus). Wirtschafts- und Lebensweise der Leventiner wurden jahrhundertelang durch den Transitverkehr geprägt. Die Ortschaften in der Leventina sind überwiegend an der alten Saumroute entstanden, haben aber nach dem Bau der Bahntrasse sowie der Autobahn stark an Bedeutung verloren. Vor allem die Bergdörfer auf der Sonnenseite des Tals weisen reiche kulturhistorische Schätze auf; sie sind heute alle

Käsewaage auf der Alpe Bolla.

durch Fahrstraßen und Postautobusverbindungen zugänglich. Die meisten von ihnen sind durch ein historisch gewachsenes Saumwegenetz verbunden, das beinahe unerschöpfliche Wandermöglichkeiten bietet. Weit über die lokalen Grenzen hinaus bekannt ist die »Strada alta Leventina«. Siehe Tour 43, 44 und 45 sowie 46 bis 48.

Airolo, 1175 m. Hauptort des oberen Lenventinatals mit Bahnstation. Erster Ort auf Tessiner Boden nach Durchfahrung des Gotthardtunnels. Sehenswert sind das Denkmal für die Opfer des Tunnelbaus am Gotthard sowie die Pfarrkirche SS. Nazaro e Celso, die nach einem Brand im Jahre 1877 neu errichtet wurde. Die Kabinenbahn von Airolo zum Sasso della Boggia (nur im Hochsommer) erschließt ein weites Wandergebiet. Siehe Tour 49.

Ambri-Piotta, 980 m. Ortsteil der Gemeinde Quinto im oberen Leventinatal. Bahnstation. Talstation der steilsten Standseilbahn der Welt nach Piora. Autobahnausfahrt Varenzo bzw. Landstraße von Airolo.

Giornico, 405 m. Vor dem Bau der Gotthardbahn spielte Giornico eine bedeutende Rolle im Saumverkehr Richtung Norden. Hier wechselte der frühere Passweg über zwei noch heute erhaltene Steinbrücken die Talseite, um die enge Biaschinaschlucht zu umgehen. Giornico weist einige der wertvollsten mittelalterlichen Bauten des Tessins auf. Sehenswert u.a. die Kirche San Nicolao und die Kirche Santa Maria di Castello. Im Casa Stanga, einer ehemaligen Herberge aus dem 16. Jh., ist das Museo di Leventina untergebracht.

Biasca, 305 m. Hauptort der ambrosianischen Täler Riviera, Blenio und Leventina; die ambrosianische Liturgie drückt sich z.B. in der späteren Fasnacht aus, die in Biasca in volkstümlicher Weise begangen wird. Sehenswert ist die den Ort beherrschende Pfarrkirche San Pietro e Paolo aus dem 9. Jh. In Ortsnähe der Wasserfall Frodalunga mit Grotto und Bademöglichkeit. Oberhalb von Biasca im Val Pontirone liegt das reizvolle, selten besuchte Wandergebiet der Alpe Cava mit mehreren kleinen Seen. Der Aufstieg zur Capanna Cava ist jedoch steil und anspruchsvoll.

Bedrettotal

Der westliche Ausläufer des Leventinatals erstreckt sich auf etwa 20 Kilometer Länge von Airolo bis zum Nufenenpass, dem höchsten Innerschweizer Passübergang mit 2478 Metern Höhe. Er markiert den Übergang ins Wallis. Dort entspringt der Fluss Ticino, der dem Kanton seinen Namen gibt. Das Bedrettotal ist dünn besiedelt, weist aber einige hübsche Dörfer auf. Wanderer begleitet dort eine hochalpine Berglandschaft. Siehe Tour 49 und 50.

Blick vom ehemaligen Fischerdorf Gandria zum San Salvatore.

1 Von Cademario über Iseo nach Curio

2.50 Std.

Beschauliche Wanderung durch den Bosco Luganese

Oberhalb des Val d'Agno – das seinen ebenen Talboden für den Flughafen von Lugano opfern musste – verläuft ein dicht bewaldeter Rücken von Nord nach Süd, der den Namen Bosco Luganese trägt. Dieser »Luganeser Wald«, der einen hohen Anteil an Kastanienbäumen aufweist, stellt ein ganzjähriges Wanderziel dar, wenngleich der Herbst sich besonders dafür eignet: zum einen wegen der guten Aussicht, die wir von einigen Punkten aus dort oben haben, zum anderen um die schmackhaften Maroni zu sammeln. Am Ende unserer Wanderung erwartet uns dann ein reizvoller, typischer Tessiner Ort mit verwinkelten Gässchen und zwei Osterien.

Die Aussicht vom höchsten Punkt am Weg, San Bernardo (mit renoviertem Kirchlein aus dem 16. Jh.), ist prachtvoll. Einen kleinen Abstecher ist die kleine Kirche Santa Maria d'Iseo (leider nicht zugänglich) wert. An unserem Ausgangspunkt beginnt auch ein ausgeschilderter Forstlehrpfad von 1,5 km Länge, der uns die Bäume und Sträucher des dort heimischen Waldes erklärt.

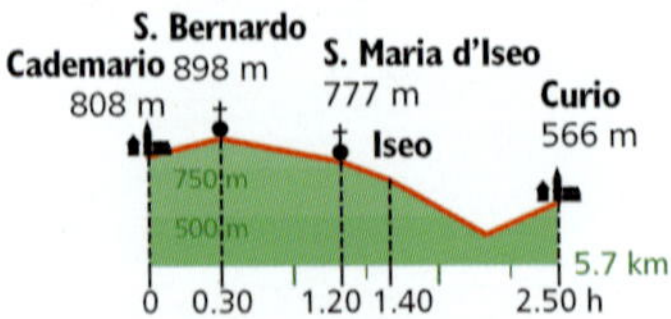

Talort: Cademario, 760 m; aussichtsreich gelegener Ort oberhalb des Val d'Agno mit sehenswerter Kirche Sant'Ambrogio (unterhalb des Dorfes) sowie der heutigen Pfarrkirche Santa Maria del Popolo (am Dorfausgang). Anfahrt mit PTT-Bus von Lugano bis zur Haltestelle Lisone, am oberen Ortsende von Cademario. Rückfahrt nach Lugano von Curio mit PTT-Bus.
Ausgangspunkt: Ortsteil Lisone, an der Straße nach Aranno, bei der Abzweigung zum Kurhaus. Dort großer Parkplatz. Besser jedoch Anfahrt mit dem Bus, da die Rückkehr zum Ausgangspunkt etwas kompliziert ist.
Höhenunterschied: 250 Hm im Anstieg, 490 Hm im Abstieg.
Anforderungen: Leichter Wanderweg; ein kurzes Stück auf Straße. Der Abstieg ins Bachtal Magliasina ist recht steil. Trittsicherheit Voraussetzung.

Das reizvolle Dorf Curio im Luganese.

Einkehr: Unterwegs keine. Albergo/Ristorante Cacciatori und Ristorante del Ponte sowie eine Bar und ein Café in Cademario. Osteria Piazza Grande und Osteria Righini in Curio.

Am Ende des großen **Parkplatzes** beginnt der breite, ausgeschilderte Wanderweg, der uns zuerst durch schattigen Wald mit Kastanien, Eichen und Birken führt. Bei den ersten beiden Wegverzweigungen halten wir uns links. Wir steigen dann vorwiegend auf der Kammhöhe leicht bergan, zuletzt über einen gestuften Weg hinauf zur kleinen **Kirche S. Bernardo**, 898 m. Auf der anderen Seite nun steil hinab. Nach Ende des Abstiegs bei der Wegverzweigung links halten und eben weiter durch Wald, wobei wir der Ausschilderung »Sentiero« folgen. Nun auf geteerter kleiner Straße zu Weggabel. Für den Abstecher zur **Kirche Santa Maria d'Iseo** links und gleich wieder rechts hinauf zur aussichtsreich gelegenen kleinen Wallfahrtskirche (Capella d'Iseo, 719 m) mit Friedhof. Wieder zurück zur Weggabel und auf der Fahrstraße weiter nach **Iseo**. Dort, wo wir auf die Hauptstraße stoßen, noch 40 m weiter, dann beim ersten Haus links und gleich wieder links (Ausschilderung »Sentiero«, dann »Curio«). Am Ende eines kleinen Parkplatzes setzt sich unser Pfad fort. Durch Wald ziemlich eben Richtung Süden, dann über steile Serpentinen hinab. Bei der ersten Wegverzweigung geradeaus, dann bei der zweiten rechts. Wir überqueren einen Bach, dann weiter steil hinab zur Magliasina, 407 m, dem tiefsten Punkt unserer Wanderung. Über den eisernen Steg, dann den Bach aufwärts, bis links der steile Steig durch Wald hinauf nach **Curio** führt. Etwa eine halbe Stunde ab Brücke erreichen wir die ersten freien Hänge, wo wir auf eine geteerte kleine Ortsstraße treffen. Auf ihr links weiter, nach der zweiten Osteria wieder links und vorbei an der Casa Comunale zur Bushaltestelle an der Hauptstraße Richtung Pura/Magliaso.

2 Monte Lema, 1620 m

2.30 Std.

Auf einen der schönsten Aussichtsgipfel der Südschweiz

Der Monte Lema gehört trotz seines verbauten Gipfels zu den bevorzugten Aussichtsbergen im südlichen Tessin. Die gesamte Überschreitung des Höhenzuges zum Monte Tamaro (Busverbindung zwischen den Talstationen) hat sich mittlerweile zum Wanderklassiker entwickelt. Wer bloß die Aussicht genießen will, wird möglicherweise »nur« die Gondelbahn benutzen wollen. Für eilige Wanderer gibt es eine direkte Abstiegsroute entlang der Bahntrasse (1 Std.); für den, der einen geruhsamen und doch abwechslungsreichen Abstieg schätzt, kann der Steig über die Cima Pianca empfohlen werden, denn schon nach wenigen Minuten kann er sich von den hässlichen Narben, die diesem Berg geschlagen wurden, abwenden und mit ungestörtem Blick bergab wandern.

Talort: Miglieglia, 706 m; am Osthang des Monte Lema liegendes schönes Dorf mit sehenswerter Kirche Santo Stefano al Colle. Hotel und einige Restaurants. Talstation der Gondelbahn auf den Monte Lema am Dorfeingang. Anfahrt von Lugano über Pura und Curio, 15 km.
Ausgangspunkt: Talstation der Gondelbahn in Miglieglia (die Bergbahn ist von Anfang April bis Anfang November täglich in Betrieb). Auffahrt zur Bergstation.
Höhenunterschied: 40 Hm im Anstieg, 914 Hm im Abstieg.
Anforderungen: Zuerst Bergsteig über freies Gelände (gutes Schuhwerk erforderlich, bei Nässe lehmig), dann durch Laubwald. Im unteren Teil Forstwege und z.T. Fahrstraße (für den allgemeinen Verkehr gesperrt). Wichtig: Zuerst der Ausschilderung »Navaggio«, dann der nach »Miglieglia« folgen.
Einkehr: Ostello Vetta Monte Lema bei der Bergstation der Gondelbahn, 1550 m (bew. Anfang April bis Ende Okt., Übernachtung für 46 Pers., Tel. +41 91 9671353); einige Restaurants in Miglieglia, Hotel Garni San Stefano.
Sehenswertes: Ungehinderter Rundblick auf Tessiner, Bündner und Walliser Alpen sowie auf den Lago Maggiore.

Auf den freien Gipfelhängen des Monte Lema.

Von der Bergstation der Gondelbahn bzw. dem Gipfelrestaurant wandern wir zunächst in wenigen Minuten auf den Gipfel des **Monte Lema** hinauf, der uns nicht nur mit seinem überdimensionalen Gipfelkreuz, sondern auch mit einer meteorologischen Wetterstation sogleich auffällt. Wir könnten jedoch auch auf der Südostseite den Gipfelhang auf gutem Wanderweg queren. Jenseits gelangen wir über freies Gelände abwärts zunächst zur **Pian Pulpito**, 1365 m. Hier halten wir uns an der Abzweigung links und wandern über ausgewaschene Wege weiter hinab, bis uns der zuweilen schattige Wald mit zahlreichen Birken empfängt. Ohne weitere Wegverzweigung gelangen wir dann hinab zur **Cima Pianca**, 1095 m. Hier treffen wir auf einen schönen Rastplatz mit Steintisch, Brunnen und riesigen Schatten spendenden Buchen neben einem Almgebäude. Gleich nach der Alm wandern wir dann rechts auf Steig hinab, queren eine asphaltierte Forststraße und folgen der Ausschilderung »Navaggio« bzw. »Miglieglia«, bis wir wieder auf die Forststraße stoßen. Auf dieser 200 Meter nach rechts, bis links wieder unser Waldweg abzweigt. Nun in Serpentinen hinab durch Wald, wobei wir die Forststraße einmal queren. Wenn wir zum zweiten Mal auf diese treffen, gehen wir links auf dieser hinab zu einem Wildgehege. Dort zweimal links am Zaun entlang durch Wald, hinab zu einem Bach, dort über den Steg und kurz ansteigend hinauf zu einer Asphaltstraße. Rechts durch Wald- und Wiesengelände hinab nach **Miglieglia** und zurück zu unserem Ausgangspunkt.

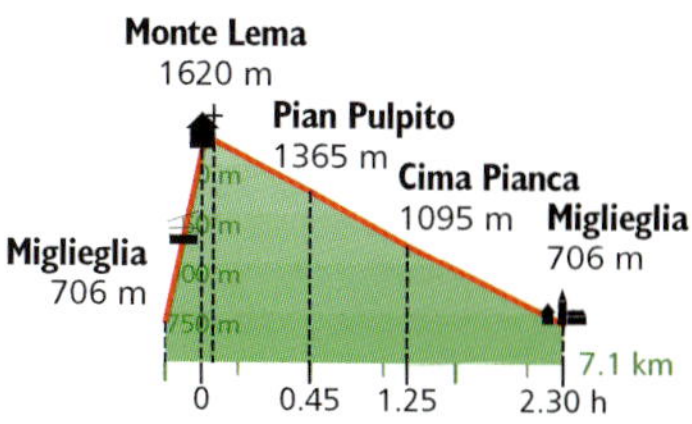

3 Von Montagnola rund um den Monte Croce

2.00 Std.

Auf den Spuren Hermann Hesses

Als Pilgerort für Literaturfreunde eignet sich Montagnola durchaus, obwohl das Dorf, das Hermann Hesse so schätzte, seinen ursprünglichen Charakter längst verloren hat. Einen Besuch ist es allerdings immer noch wert. Besonders reizvoll sind die Kastanienwälder auf der Collina d'Oro, durch die Hermann Hesse schon damals lustvoll gestreift ist.

Die Kirche S. Abbondio bei Gentilino. Dort auf dem Friedhof liegt Hermann Hesse begraben.

Talort: Montagnola, 467 m; kleiner Ort auf der Collina d'Oro, südlich von Lugano; neue Heimat von Hermann Hesse nach seiner Übersiedlung in die Schweiz. Mehrere Hotels, Restaurants, Einkaufsmöglichkeiten.

Ausgangspunkt: Die Piazza Brocchi in der Ortsmitte von Montagnola. Anfahrt von Lugano Richtung Süden über Gentilino und Certenago (6 km).

Höhenunterschied: 143 Hm.

Anforderungen: Zu Beginn asphaltierter Fahrweg, dann schattiger Waldweg, zuletzt unbefestigter Fahrweg.

Einkehr: Ristorante San Gottardo und Ristorante/Pensione Agra in Agra, Osteria Flora in Bigogno sowie weitere Möglichkeiten in Montagnola, u.a. Grotto Circolo Sociale (nur abends).

Sehenswertes: In der Casa Camuzzi ist seit einigen Jahren das Hermann-Hesse-Museum untergebracht (ganzjährig geöffnet). Das Grab Hesses finden wir im Nachbarort Gentilino, auf dem Friedhof der Kirche S. Abbondio. Außerdem gibt es einen Hesse-Themenweg (1¼ Std.).

Unser Rundweg führt über die sanften, bewaldeten Hügel des Monte Croce.

Von der **Piazza Brocchi** gehen wir zuerst 50 Meter hoch zur Via Minigera. Wir folgen der schmalen asphaltierten Straße 15 Min. am Berghang entlang (rechts unter uns Villen in schönster Hanglage über dem See), bis links ein breiter Wanderweg abzweigt (WW »Agra«). Er führt durch Kastanienwald zu einer Wegkreuzung. Geradeaus weiter und in Kehren hinauf, wo wir nach 15 Min. auf eine erneute Verzweigung treffen. Hier rechts (»Giro di Posmonte basso«) und eben in Linksbogen um den bewaldeten Berg herum, wobei wir immer wieder Blicke auf einen Seitenarm des Luganer Sees werfen können. Bei der nächsten Abzweigung links hinauf (dem Trimmpfad folgend), wo wir einige mit Geländer gesicherte steilere Stellen passieren, dann treten wir bald hinaus auf eine freie Fläche mit Weinreben und einem schönen Ausblick auf den Luganer See. Nun nicht der Ausschilderung bergwärts folgen, sondern den breiten Weg hinauf nach **Agra**. Durch den Ort und weiter zur Kirche S. Tomaso. Ab Agra folgen wir der Via Municipio und gelangen so nach **Bigogno**. Geradewegs durch den Ort, bis wir auf die Hauptstraße nach Montagnola kommen. Nun rechts 100 Meter auf dieser zurück und links wenige Meter die Wiese hinunter; dann gleich wieder links auf den schmalen Pfad, der zum Wald hinabführt. Auf breitem Weg nun leicht fallend nach **Montagnola**. Nachdem wir aus dem Wald herausgetreten sind, sehen wir links oben das ehemalige Wohnhaus Hermann Hesses. Auf der asphaltierten Via Hermann Hesse wandern wir zurück zur Dorfmitte.

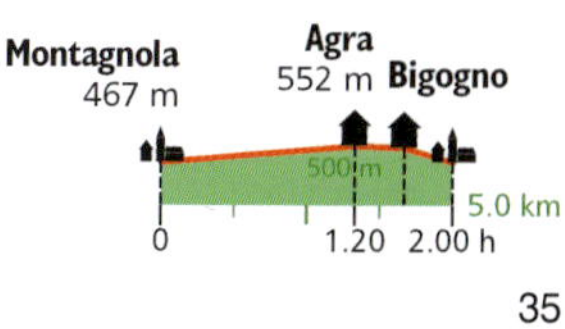

TOP **4**

Vom Monte San Salvatore nach Morcote

3.00 Std.

Höhenwanderung mit Gesamtschau auf den Luganer See

Der Monte San Salvatore ist vom Luganer Ortsteil Paradiso mit der bereits seit 1890 betriebenen Standseilbahn rasch zu erreichen. Ziel der Wanderung ist der Inbegriff Tessiner Kulturlandschaft, der reizvolle Ort Morcote am Südende der Halbinsel. Für Ambitionierte: An der Nordwestflanke des San Salvatore gibt es einen Klettersteig.

Talort: Lugano, 272 m; siehe Seite 18.
Ausgangspunkt: Monte San Salvatore, 912 m; Aussichtsberg südlich von Lugano, vom Vorort Paradiso mit einer Standseilbahn (Mitte Mai bis Anfang November von 9 – 23 Uhr) rasch zu erreichen. Parken bei der Talstation der Standseilbahn; Anfahrt auch mit Stadtbus.
Höhenunterschied: 830 Hm im Abstieg, 190 Hm im Anstieg.
Anforderungen: Der Abstieg vom Monte San Salvatore nach Ciona erfolgt auf recht steilem Pfad, die »restliche« Wegstrecke besteht jedoch aus einfachen Wander- bzw. alten Dorfverbindungswegen. Rückfahrt mit Bus oder Schiff von Morcote.
Einkehr: Aussichtsrestaurant auf dem Monte San Salvatore, in Ciana, Alpe Vicania, Grotto Pan Perdü in Carona sowie Gasthäuser in Morcote.
Sehenswertes: Museo San Salvatore bei der Bergstation sowie das reizvolle alte Dorf Carona am Weg; die Kirche Santa Maria del Sasso und das Fischerdörfchen Morcote am Ende der Tour.

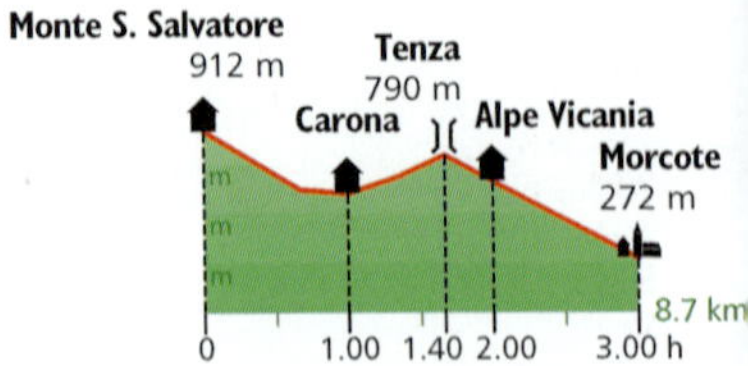

Von der Bergstation der Standseilbahn machen wir zuerst einen kurzen Abstecher auf das Gipfelplateau mit der **Kirche San Salvatore** und kehren dann wieder zurück zur Bergstation. Hier wenden wir uns Richtung Süden und folgen dem felsigen Steig, der uns steil in zahlreichen Serpentinen hinab zu einem Buchenwald bringt, dann auf bequemem Weg weiter nach **Ciona**, 617 m. Wir überqueren die Straße

Die Halbinsel Ceresio weist einen der schönsten Aussichtsberge auf, den Monte S. Salvatore.

und folgen dann nicht der Fahrstraße nach **Carona**, sondern dem Fahrweg, der uns durch Wald westlich am Ort vorbeiführt und dort auf die Fahrstraße Richtung Vico Morcote trifft. Dieser folgen wir bis zur Abzweigung nach San Grato und rechts weiter zur Kirche. Dort beginnt ein Weg, der uns durch Wald nahezu eben auf der Ostseite der Cima Pescia vorbei zur **Alpe Vicania**, 670 m, führt, wo wir auf das aus dem Mittelalter stammende Castello dei Paleari stoßen. Zuerst auf Fahrweg, dann auf steilem Pfad hinab zur hoch über Morcote thronenden Pfarrkirche Santa Maria del Sasso. Von dort sind es »nur« noch 313 Treppenstufen auf der prächtig gestalteten »Scalinata monumentale« (ein mit Zypressen und Bildstöcken gesäumter Treppenweg) hinab nach **Morcote** am Luganer See, 272 m.

5 *Monte San Giorgio, 1096 m*

3.00 Std.

Naturlehrpfad und Tiefblick auf den Lago di Lugano

Der Monte San Giorgio ist berühmt als Fundort für Paläontologen, Geologen und Botaniker. Neben Versteinerungen von Meerestieren fanden sich hier auch Reste von Sauriern (zu sehen im kleinen Naturkundemuseum von Meride). Für den botanisch und geologisch interessierten Wanderer wurde ein Naturlehrpfad eingerichtet, der jedoch nicht den eigentlichen Gipfel berührt. 2003 wurde der Monte San Giorgio zum Unesco-Weltkulturerbe erklärt.

Talort: Meride, 578 m; kleiner Luftkurort auf der Südseite des Monte San Giorgio mit Kirche, Postamt und Gasthöfen.
Ausgangspunkte: Entweder Ortsmitte von Meride oder Fontana di Meride (keine Parkmöglichkeit), 592 m, 1 km westlich von Meride an der Straße Richtung Serpiano (Weiler mit Waschplatz, Bushaltestelle; hier beginnt der Naturlehrpfad mit der ersten Schautafel).
Anfahrt: Autobahnausfahrt Mendrisio, dann zur Südseite des Orts, weiter in Richtung Rancate und Serpiano nach Meride; großer neuer Parkplatz am Ortseingang. Anfahrt mit öffentlichem Bus möglich. Auch mit Boot bis Terniciole, dann mit Sessellift nach Caree.
Höhenunterschied: 518 Hm.
Anforderungen: Bergsteig und gepflasterter Saumweg. Rückweg über Crocifisso auf Ziehwegen und ab dort auf gutem Wirtschaftsweg bzw. auf der Fahrstraße.
Einkehr: Kleine Selbstversorgerhütten auf Cassina bzw. auf dem Gipfel das Capella-Rifugio de Sant'Uberto (Getränkedepot). Grotto und Osteria in Meride.

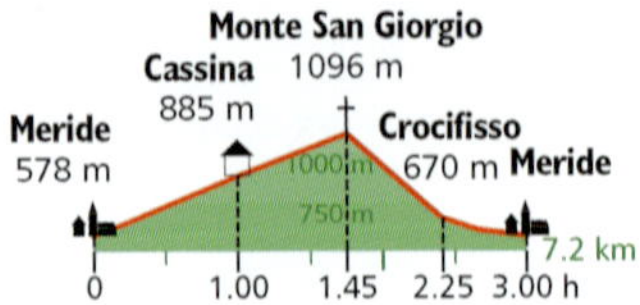

Brusino-Arsizio mit dem Monte San Giorgio; im Hintergrund der Monte Generoso.

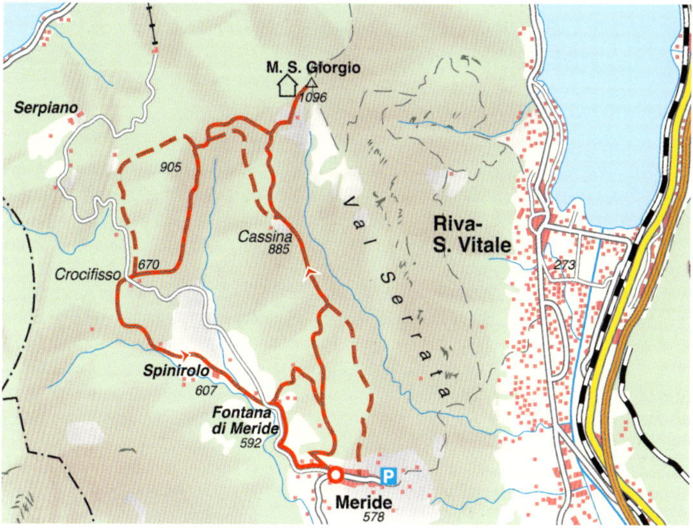

Wir beginnen unseren Anstieg entweder am Ortseingang von **Meride**, wo ein gepflasterter Saumweg über die Kirche San Silvestro hinauf nach Cassina führt, oder wir starten in Fontana und folgen der Ausschilderung des Naturlehrpfads (»Sentiero naturalistico«, zahlreiche Schautafeln, jedoch nur auf Italienisch), um dann auf einer Kammhöhe auf den von Meride heraufführenden Weg zu treffen. Unsere Route führt weit gehend durch schattigen Wald, bald auch in Serpentinen hinauf zu einer Kammhöhe, dann nurmehr leicht ansteigend – mit schönen Rückblicken auf den Monte Generoso – zu einer Waldlichtung mit einer offenen Unterstandshütte und einigen Rastbänken, **Cassina**, 885 m. Hier verlassen wir den Naturlehrpfad nach rechts und steigen auf zum Teil schmalem Bergsteig durch Wald und Unterholz bergan. Der gut markierte Weg weist uns – vorbei an mächtigen Buchen und gewaltigen Kastanienbäumen – durch relativ steiles Gelände hinauf zum Gipfel des **Monte San Giorgio** mit Kapelle und Unterstandshütte.
Um die Runde voll zu machen, gehen wir ein Stück auf dem Anstiegsweg zurück und nehmen dann die Abzweigung nach rechts (unterhalb von Forello), wo wir bald wieder auf den Naturlehrpfad treffen. Wir folgen diesem bzw. nehmen beim Sattel nördlich Pt. 905 den Abkürzer, der uns direkt hinunter zum **Crocifisso** (Kruzifix), 670 m, direkt an der Fahrstraße bringt. Dort überqueren wir diese und wandern auf Wirtschaftsweg durch Wald und Wiesen, vorbei an den Häusern von Spinirolo, zurück zum Ausgangspunkt.

6 Von Casima über Dosso Bello nach Castel San Pietro

4.30 Std.

Aussichtsreiche Höhenwanderung im Valle di Muggio

Der südlichste Teil der Schweiz, das Mendrisiotto, ist zwar auch die Durchgangsschneise für den Verkehr nach Italien, die Seitentäler atmen jedoch noch den Geist der Vergangenheit. Vor allem das Valle di Muggio zählt zu den reizvollsten Tälern des Tessins. Eine sanfte Hügellandschaft mit dichten Kastanienwäldern, alten Dorfverbindungswegen und reizvollen Dörfern lädt zu ausgedehnten Wanderungen ein.
Die vorgeschlagene Wanderung führt aus dem Tal hinauf auf einen aussichtsreichen Höhenzug – der Monte Generoso ist nicht weit – und leitet uns über einsame Almen über den Dosso Bello hinab nach Castel San Pietro. Vor allem in den letzten Jahren wurden historisch bedeutsame Gebäude wie Mühlen (z. B. in Bruzella), Brücken, Brunnen, Eiskeller und Wege rekonstruiert, sodass unser Ausflug dorthin auch einer Zeitreise gleicht. Besonders sehenswert ist dabei auch die Kirche San Giovanni in Tur. Und wer über die vorgeschlagene Wanderung hinaus noch Zeit übrig hat, kann dem ethnografischen Museum in Cabbio einen Besuch abstatten oder die berühmte Gole di Breggia, am Eingang des Muggiotals besuchen. Dort wurde der erste Geopark der Schweiz eingerichtet, wo wir eine breite Vielfalt an Gesteinen, Pflanzen und auch Tieren bestaunen können.

Im einsamen Valle di Muggio wird noch Milchwirtschaft betrieben.

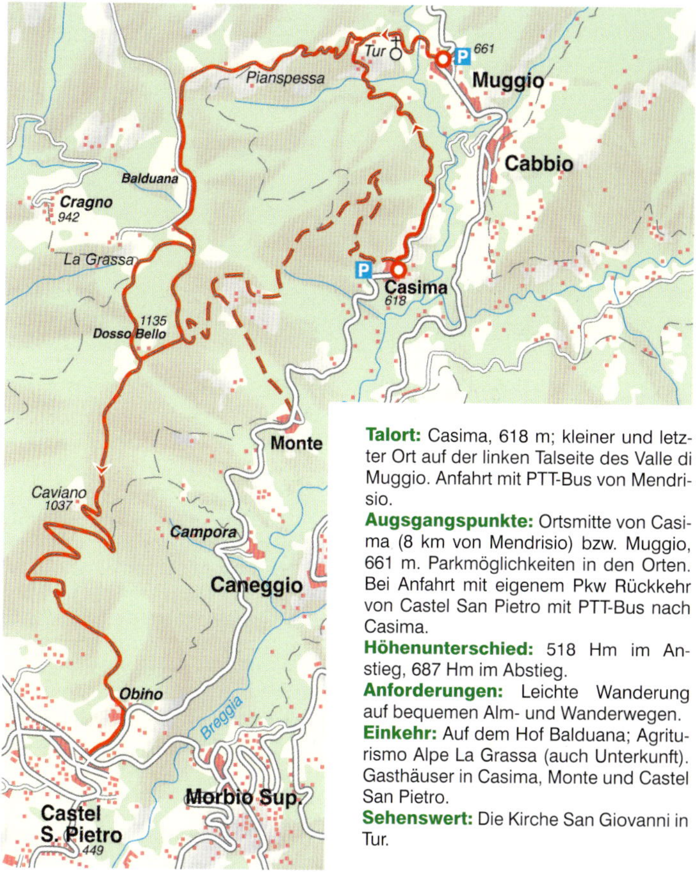

Talort: Casima, 618 m; kleiner und letzter Ort auf der linken Talseite des Valle di Muggio. Anfahrt mit PTT-Bus von Mendrisio.
Augsgangspunkte: Ortsmitte von Casima (8 km von Mendrisio) bzw. Muggio, 661 m. Parkmöglichkeiten in den Orten. Bei Anfahrt mit eigenem Pkw Rückkehr von Castel San Pietro mit PTT-Bus nach Casima.
Höhenunterschied: 518 Hm im Anstieg, 687 Hm im Abstieg.
Anforderungen: Leichte Wanderung auf bequemen Alm- und Wanderwegen.
Einkehr: Auf dem Hof Balduana; Agriturismo Alpe La Grassa (auch Unterkunft). Gasthäuser in Casima, Monte und Castel San Pietro.
Sehenswert: Die Kirche San Giovanni in Tur.

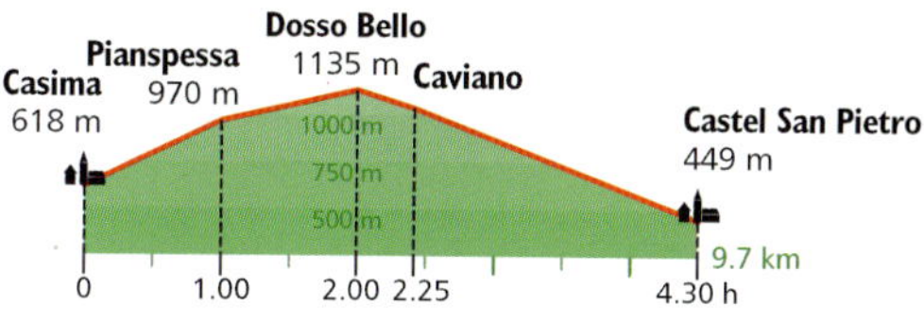

Blick auf den Weiler Campora im Muggiotal; darüber erhebt sich der bewaldete Kamm des Dosso Bello, den wir auf unserer Wanderung überschreiten.

Wir starten entweder in **Muggio**, wo ein schmaler Feldweg hinunter in den Talgrund der Breggia führt, um auf der anderen Seite – vorbei an der in freiem Feld stehenden Kirche San Giovanni – hinauf zu den Alpweiden von Tur zu leiten. Oder wir nehmen den Weg von **Casima** aus unter die Füße: Vom Parkplatz am Ortsanfang wandern wir zu den ersten Häusern, halten uns dort links (Wegweiser) und gehen in den Ort hinein. Nach wenigen Minuten verzweigt sich der Weg; dort bietet sich eine Variante an, die die Route nach Dosso Bello erheblich verkürzt (links durch Torbogen und dem gepflasterten Weg folgen – WW »Sassi Monte«, gelbe Markierung –, der nach den letzten Häusern durch Wald hinauf zu den Alpweiden von Sassi und weiter nach Dosso Bello führt). Wir folgen jedoch dem gepflasterten Weg, der bald links hinab zu einem Bach und weiter nach Tur führt. Mäßig ansteigend durch Wald zur Alpe. Am oberen Rand treffen wir auf den von Muggio kommenden Weg. Nun links und bald in zahlreichen Serpentinen hinauf zu den Weiden von **Pianspessa**, ca. 970 m. In westlicher Richtung hinauf zur Kammhöhe, wo wir auf einen geteerten Fahrweg treffen; diesem folgen wir nach links zum Gehöft **Balduana** (Einkehrmöglichkeit). Nun immer in südlicher Richtung weiter, bis nach etwa 300 Metern links ein schmälerer Weg abzweigt – wir können beide Wege nehmen, denn sie treffen sich wieder südlich von Dosso Bello, 1135 m. Falls wir jedoch den rechten Abzweiger nehmen, dürfen wir nach den Gebäuden von La Grassa nicht den Abzweiger nach links übersehen. Nach **Dosso Bello** bewegen wir uns dann weiterhin auf einem Fahrweg, der in südlicher Richtung, etwas unterhalb der Kammlinie und nach dem letzten Aussichtspunkt, **Caviano**, 1037 m, in weiten Kehren durch Wald hinunterführt nach **Obino** bzw. **Castel San Pietro**.

3.30 Std.

Von Bruzella auf den Monte Bisbino, 1325 m

7

Mit Tiefblick auf den Comer See

Mit dem Monte Bisbino laufen die Tessiner Berge im Südosten mit einem leichten Aufschwung aus. Der schöne Aussichtsgipfel hoch über dem Comer See liegt auf italienischem Gebiet und lässt sich von Como aus sogar mit dem Auto anfahren. Aus dem Valle di Muggio können wir ihn uns jedoch auf einer stillen und abwechslungsreichen Wanderung erschließen, deren Abschluss eine aussichtsreiche Höhenwanderung hinaus nach Sagno bildet.

Talort: Mendrisio, siehe Seite 17.
Ausgangspunkt: Der kleine Ort Bruzella, 593 m, im mittleren Valle di Muggio. Für diese Tour empfiehlt sich besonders die Anfahrt mit dem PTT-Bus von Mendrisio. Parkplatz am Ortseingang von Bruzella, unterhalb der Kirche.
Höhenunterschied: 732 Hm im Anstieg, 632 Hm im Abstieg.
Anforderungen: Leichte, ausgeschilderte Alm- bzw. Forstwege.

Einkehr: Bar Ristorante Vetta auf dem Monte Bisbino; evtl. Alpe Cavazza. In Bruzella ein Ristorante con alloggio. Kurz vor Caneggio gibt es noch das Grotto Vanini. In Sagno: Osteria Ul Furmighin (auch Unterkunft).
Sehenswertes: Rundumpanorama von der Aussichtsterrasse des Monte Bisbino (mit Orientierungskästen). Die Wallfahrtskirche Madonna di Loreto mit Kreuzweg auf Zöch. Alte Mühle in Bruzella.

Der Weg zum Monte Bisbino verläuft auf zum Teil gepflasterten Wirtschaftswegen. Rechts: Unsere Wanderung beginnt an der Kirche von Bruzella; dieser Ort ist seit 2009 Teil der neu geschaffenen Gemeinde Breggia.

In **Bruzella** starten wir bei der Kirche und wandern zuerst auf gepflastertem Weg bergwärts durch den Ort, dann bald links. Bei den letzten Häusern rechts, gleich wieder links. Bald folgen wir dem angenehm schattigen Kreuzweg hinauf zur kleinen Wallfahrtskapelle **Madonna di Loreto auf Zöch**, 717 m. Dort rechts und auf Fahrweg weiter bergan. Den Weg durch schattigen Kastanien- und Buchenwald können wir nicht verfehlen, denn er ist immer gut ausgeschildert. Allmählich verengt sich der Weg zu einem schmalen Waldweg, und bald gelangen wir auf einen ausgeprägten Kamm. Wir durchwandern einen schönen Birkenhain und gelangen so zur Waldgrenze. Wir folgen nun dem links durch lockeren Birkenwald und Almwiesen führenden Almweg zur **Sella Cavazza**, 1162 m (Wegverzweigung auf der Kammhöhe) und gehen auf dem anschließend gepflasterten Weg weiter zur ehemaligen Osteria Cavazza. Jenseits durch Wiesen und Nadelwald (Grenzübertritt) hinauf zum höchsten Punkt des **Monte Bisbino**.

Um nach Sagno zu gelangen, gehen wir zurück zur Wegverzweigung auf Cavazza, dann links immer auf der Kammhöhe mit schönen Ausblicken Richtung Süden. Bei einer Wegverzweigung unterhalb eines Häuschens bieten sich zwei Möglichkeiten an: Wir nehmen entweder rechts den Almfahrweg oder links den Wanderweg. Etwas unterhalb im Wald, dann erneut eine Verzweigung: Wir halten uns auf dem Almfahrweg (links führt ein ausgeschilderter Wanderweg hinab zum Ort), der in einem Linksbogen über die »Calmanetta« nach **Sagno** führt. Vorbei an der Kirche zum Parkplatz bzw. zur Bushaltestelle (Wendepunkt der Buslinie).

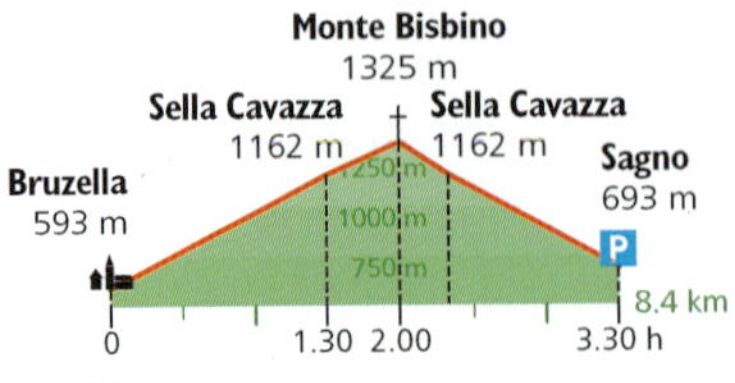

8 Monte Generoso, 1701 m

3.45 Std.

Mit der Zahnradbahn hoch über den Luganer See

Im Monte Generoso bäumen sich die Alpen noch einmal kurz auf, bis sie dann allmählich in der lombardischen Ebene ausklingen. Allein diese Tatsache verbürgt eine grandiose Aussicht, die bei klaren Tagen bis zum Apennin reicht. Überdies hat sich der Berg einen Namen als Blumenberg gemacht. Wer so im Frühjahr vor allem die Westseite des Berges besucht, staunt über den Artenreichtum und die Fülle an botanischer Schönheit. Schon in der Frühzeit des Tourismus war der Berg Ziel von Touristen. Im Jahre 1890 wurde der Betrieb der Zahnradbahn aufgenommen, der jedoch mangels Rentabilität immer wieder eingestellt wurde. Mittlerweile ist die Bahn elektrifiziert und erfreut sich besonders an Wochenenden eines regen Zuspruchs.

Talort: Capolago, 274 m, bzw. Rovio, 498 m; der wenig attraktive Ort Capolago liegt an der Autobahn Lugano – Como; der reizvolle kleine Ort Rovio hingegen schmiegt sich auf einer Terrasse oberhalb des Luganer Sees an den Westausläufer des Monte Generoso (2,3 km von Melano).
Ausgangspunkt: Ortsmitte von Rovio. Anfahrt auch mit PTT-Bus (vom Bahnhof Maroggia-Melano). Großer Parkplatz am Ortsanfang in Nähe der Kirche.
Gehzeiten: Falls wir mit der Bahn hochfahren, sind es von der Bergstation nurmehr 15 Min. zum Gipfel. Abstieg gegebenenfalls 2.30 Std.
Höhenunterschied: Im Anstieg 1203 Hm.
Anforderungen: Von Rovio bis zur Alpe di Melano guter Saumweg, dann bis zur Bellavista Bergsteig; von dort bis zum Gipfel breiter Wanderweg.
Einkehr: Ristorante Salone in Rovio; Osteria Bellavista an der Mittelstation, 1223 m; Restaurant Fiore di Pietra (erbaut von Mario Botta; bew. von März bis Anfang November) sowie Selbstbedienungsrestaurant bei der Bergstation; falls wir mit dem Auto bis in Nähe der Mittelstation fahren, können wir beim Grotto San Nicolao einkehren (6,3 km unterhalb Bellavista).
Sehenswertes: Fantastischer Tiefblick auf den Luganer See und die umliegenden Berge. In Rovio können wir den beeindruckenden Wasserfall Cascata del Botto besuchen (15 Min. vom Ortszentrum auf schmalem Steig erreichbar).

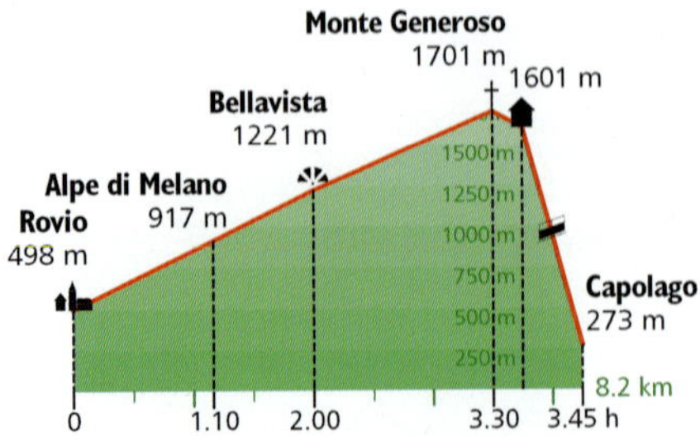

Die Cascata del Botto bei Rovio.

Vom Parkplatz in **Rovio** steigen wir zuerst links zur Kirche hoch und folgen dann rechts dem gepflasterten Weg durch den hübschen, verschachtelten Ort. Wir passieren das Rathaus und einige offene Brunnen und gelangen so zu den oberen Häusern des Ortes, wo die Asphaltstraße endet. Der Weg geht nun in einen zum Teil von Trockenmauern gesäumten gepflasterten Maultierweg über. Etwas steil ansteigend zur Kapelle Soldino, dort bei der Wegverzweigung den Wegweisern nach rechts folgen. Im weiteren Verlauf bewegen wir uns dann in schattigem Wald. Nun leicht absteigend ins Bachtal Sovaglia, das wir auf einer Brücke überqueren. Jenseits steigen wir dann steil in südlicher Richtung an, bis der gut begehbare Weg in einer weiten Linksschleife um den Sasso Piatto, 1091 m, herumführt und bald die **Alpe di Melano**, 917 m, erreicht. (Bei der Alpe zweigt links eine Variante ab, die den Anstiegsweg verkürzt, aber ein wenig mehr Schweiß und auch Trittsicherheit verlangt.) Am östlichen Ende der Almwiesen wandern wir in südlicher Richtung weiter – zuerst hinab in die kleine Schlucht des Viganale, dann jenseits

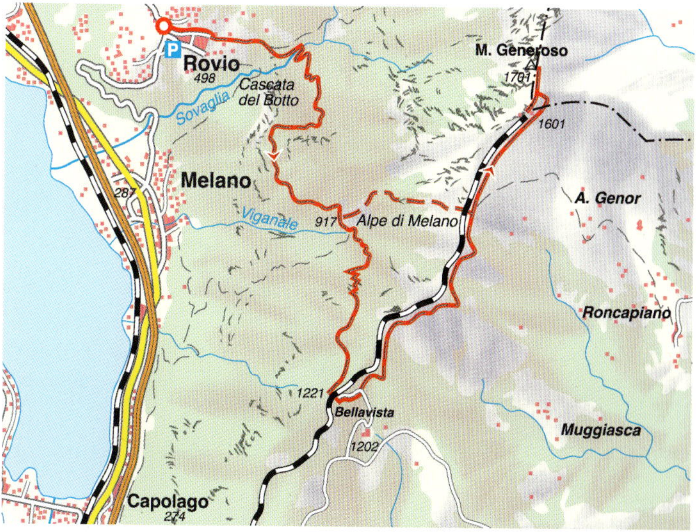

wieder steil in zahlreichen Serpentinen hinauf durch schönen Wald. Das letzte Stück geht es im Auf und Ab hinüber zur **Bellavista**, 1221 m. Der Weg mündet etwas oberhalb der Bahn-Haltestelle in den direkten Weg zum Monte Generoso ein. Auf gutem, weiterhin schattigem Weg wandern wir dann durch Laubwald – in Nähe der Bahnlinie – höher, überqueren bei einem Tunnel ein weiteres Mal etwas oberhalb dieselbe, um dann auf parallel geführtem breitem Wanderweg höher zu steigen. Die steilsten Passagen sind bald vorbei, der Wald verschwindet alsbald und wir sind der Sonne nun direkt ausgesetzt. Doch das breite Panorama entlang des Aufstiegsweges entschädigt und irgendwannn ist auch die **Bergstation** samt Hotel und einer großen Terrasse erreicht. Die letzten knapp hundert Anstiegsmeter legen wir auf einem gut angelegten, breiten Plattenweg zurück – einziges Hindernis könnten dann die zahlreichen Besucher sein, die mit der Bahn heraufgekommen sind. Am Gipfel des **Monte Generoso** schließlich schützt ein Geländer auch den unbedarften Höhenstürmer vor dem Sturz ins Leere.
Den Rückweg legen wir auf dem Hinweg oder per Bahn zurück. Falls wir nur bis zur Mittelstation (Bellavista) mit der Zahnradbahn talwärts fahren, wandern wir zu Fuß nach Rovio zurück. Nehmen wir die Bahn jedoch bis hinab nach Capolago, können wir mit dem Bus über Melano (umsteigen) zurück nach Rovio, unserem Ausgangspunkt, fahren.

Auf halber Strecke zum Monte Generoso liegt die Haltestation Bellavista mit Einkehrmöglichkeit.

7.30 Std.

Monte Brè, 925 m, und Monte Boglia, 1516 m

9 TOP

Auf den Hausberg der Luganer

Die reizvolle Bucht von Lugano wird von zwei »Hausbergen« eingerahmt, vom Monte San Salvatore und vom Monte Brè bzw. dem eigentlichen Gipfelaufbau dahinter, dem Monte Boglia. Beide sind mit jeweils einer Standseilbahn ausgestattet, und beide »schmückt« ein Aussichtsrestaurant.

Talort: Lugano, 272 m; siehe Seite 18.
Ausgangspunkt: Talstation der Monte-Brè-Standseilbahn (Anfang Juni bis Ende Oktober; www.montebre.ch) im Ortsteil Cassarate; keine Parkmöglichkeit. Oder: Anfahrt mit dem Auto zum Villagio Brè, 800 m, von Cassarate über Aldesago (9 km von Lugano). Parkmöglichkeiten: zwei Parkplätze in Brè (am Dorfanfang und beim Picknickareal).
Höhenunterschied: 740 Hm im Anstieg und 1369 Hm im Abstieg.
Anforderungen: Anstieg auf den Monte Boglia überwiegend auf breitem Bergwanderweg, im Gipfelbereich Bergpfad; Abstieg zur Alpe Bolla überwiegend auf Pfad, Rückkehr nach Brè auf überwiegend breitem Wanderweg; der Treppenweg hinab nach Gandria ist steil, von dort wandern wir jedoch auf bequemem Weg zurück nach Lugano.
Einkehr: Ristorante Funicolare und Ristorante Vetta bei der Bergstation der Standseilbahn; Osteria Monti, Albergo Brè, Alpe Bolla (1129 m, bew. 1. Mai bis 31. Oktober) und Osteria Grotto del Castagneto in Brè; Restaurants und Cafés in Gandria.

Freier Blick vom Gipfel des Monte Boglia auf den Luganer See.

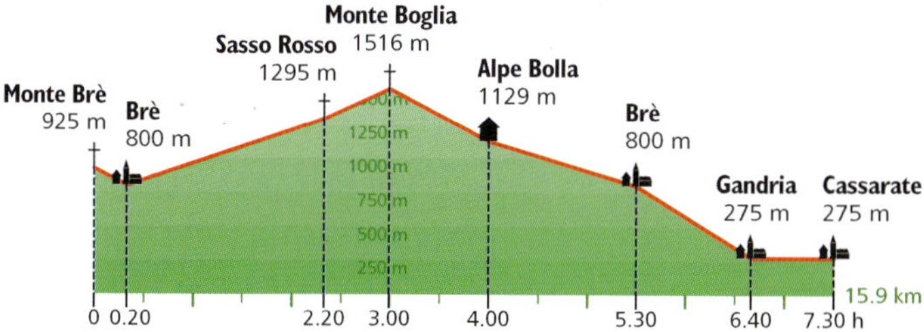

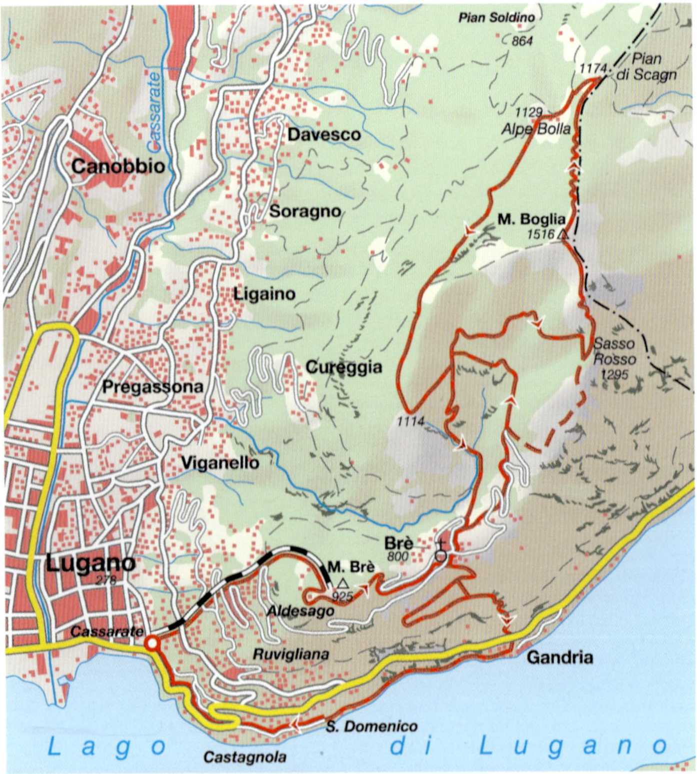

Von der **Bergstation Monte Brè**, 925 m, auf Treppenweg »Scalinata alla Toretta« zuerst hinauf zum höchsten Punkt des Monte Brè mit Kirche und Aussichtsturm, dann hinunter zum tiefer gelegenen Dorf **Brè**, 800 m, das wir beim großen Parkplatz erreichen. Es gilt als eines der bedeutendsten Künstlerdörfer im Tessin (zahlreiche Kunst am Bau). Nun durch das Ortszentrum (WW) und auf gepflastertem Weg (Sentiero Alpe Bolla) – dabei dreimal ein asphaltiertes Sträßchen schneidend – höher. Am Straßenende steil durch Wald auf gepflastertem Weg in gleicher Richtung weiter bis zu einer Wegverzweigung; dort links haltend (WW) weiter. Zunächst noch steil durch Wald, dann nahezu eben zu einer Wegkreuzung (Wasserreservoir; Carbonera, 1033 m). Im spitzen Winkel rechts durch Wald bergwärts, einige Bachtäl-

Die Alpe Bolla auf der Nordwestseite des Monte Boglia bietet eine Einkehrmöglichkeit.

chen ausgehend, zu einer Wegverzweigung. Links weiter zum Grat, den wir beim **Sasso Rosso**, 1295 m, erreichen. Herrlicher Tiefblick auf den Luganer See. Dann auf Bergpfad weiter durch Gebüsch, zuletzt auf dem grasigen Kamm hinauf zum Gipfelkreuz des **Monte Boglia**.
Anschließend jenseits auf Treppenweg und über zahlreiche Serpentinen hinab zur Pian di Scagn, 1174 m. Links über die Alpwiesen und durch ein Stück Wald zur **Alpe Bolla**, 1129 m. Weiter geradeaus, dann nach wenigen Minuten, bei der Wegverzweigung (WW Brè, rot-weiß mark.), links haltend weiter durch Wald zur Wegkreuzung, die wir bereits beim Anstieg berührt haben. Hier rechts hinab, bald in weiten Serpentinen, zuletzt auf einem Fahrweg, hinab zum Dorf Brè, das wir beim Picknickareal erreichen.
Der Abstieg nach Gandria beginnt bei der Kirche von Brè (WW). Auf steilem Treppenweg gehen wir in nahezu direkter Linie talwärts, berühren zuerst den Wirtschaftsweg »Via Nonato« bei dessen östlicher Kehre (bei Gandriga) und folgen ihm ein Stück, bis der Wanderweg wieder abzweigt. Dann steigen wir durch Wald weiter abwärts, wo wir auf einen weiteren Weg treffen. Wir folgen diesem in zahlreichen Serpentinen hinab, queren dann den von Ruvigliana kommenden Weg und steigen bis zur Kantonsstraße ab. Über einen Treppenweg gelangen wir in die verwinkelten Gassen von **Gandria**. Bei der Kirche beginnt der Uferweg durch den Parco degli Ulivi zurück nach **Cassarate**.

10 *Cima di Fojorina, 1809 m*

5.00 Std.

Eine leichte Grenzwanderung

Das Val Colla im Nordosten der geschäftigen Stadt Lugano war in früheren Jahrhunderten eines der schwer zugänglichen und damit auch armen Täler des Tessins. Die Bewohner mussten sich unter anderem als Kaminkehrer und Kesselflicker in Italien durchschlagen. Den früheren Mangel sieht man den Ortschaften gerade im hintersten Talbereich noch heute an, kaum ein üppig gebautes Haus, keine prächtigen Kirchen – nur steile Hänge und eine bescheidene Landwirtschaft. Für den Wanderer und Ausflügler von heute stellt die bergige Talumrahmung aber einen besonderen Reiz dar.

Talort: Bogno, 961 m; letztes Dorf im oberen Val Colla mit Pfarrkirche San Rocco.
Ausgangspunkt: Das etwas oberhalb von Bogno gelegene Dorf Certara, 1003 m; bei Anfahrt mit PTT-Bus Route über Sonvico. Am Ortseingang kleiner Parkplatz (WC/Telefon).
Höhenunterschied: 806 Hm von Certara.
Anforderungen: Leichte Wanderung im Wald, am langen Gipfelkamm jedoch der Sonne ausgesetzt.
Einkehr: Evtl. Capanna Pairolo, 1344 m (40 Schlafplätze, von Mai bis Oktober sowie über Ostern bewartet, Tel. +41 91 9441156) bzw. Capanna San Lucio, 1550 m (ganzjährig geöffnet, 22 Lager; Tel. +41 79 8867330). Locanda San Lucio in Bogno. Ristorante 7° cielo Certara.
Sehenswertes: Die freie Aussicht von der Cima di Fojorina reicht von den Berner Alpen im Norden bis zur Bernina im Osten und im Süden über das Mendrisiotto hinaus zur Poebene.
Variante: Falls etwas mehr Zeit zur Verfügung steht, können wir die Wanderung in Bogno, 961 m, beginnen. Diese Variante führt über die Alpe Cottino hinauf zum Passübergang San Lucio, 1542 m. Alljährlich im August pilgern die Wallfahrer jeweils aus den Talorten der italienischen sowie der Tessiner Seite hinauf zur Kirche am Pass. Von dort führt ein Wanderweg hinüber zum Punkt 1505 (unbenannter Sattel), wo der Weg von Certara einmündet. Der Anstieg beginnt am oberen Ortsende von Bogno bei der ersten scharfen Kurve. Ca. 1 Std. länger. Der Abstieg nach Certara erfolgt dann im Uhrzeigersinn vom Sattel auf der Nordseite des Monte Cucco. In Certara leitet uns der alte Dorfverbindungsweg hinab ins Bachtal und jenseits kurz hinauf zum Ausgangspunkt in Bogno.

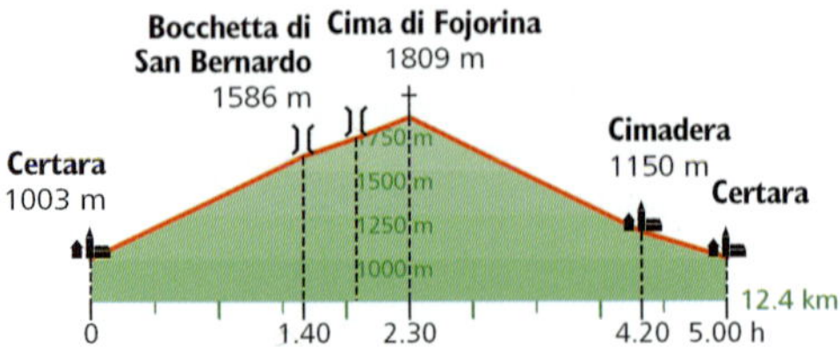

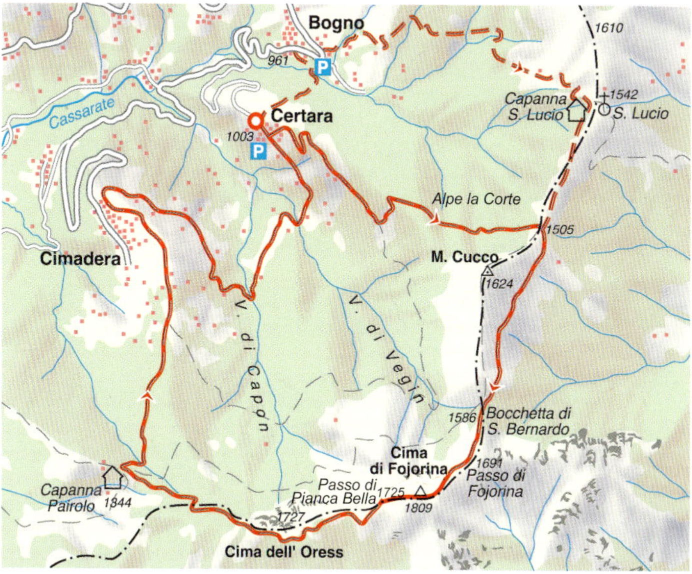

Vom Parkplatz am Ortseingang von **Certara** gerade in den Ort hinein, bis nach etwa 100 Metern links ein Treppenweg (gelbe Raute, rechts die Casa Mia ma piccola) – vorbei am Briefkasten (dort rechts halten) – hinauf zu einem kleinen Platz führt. Dort ausführliche Wegweiser, jedoch keiner zur Cima di Fojorina! Nun folgen wir der Ausschilderung »Alpe la Corte« zu den letzten Häusern, dann auf Treppenweg an einer Mauer entlang hinauf zum Wald, wo die Route in einen Hohlweg mündet. Diesem nun auf z.T. gestuftem Weg bergan folgen (Mark. »Sentiero di montagne«). Der größte Teil des Weges verläuft nun durch Wald, wobei jedoch zwei größere Alpweiden überschritten werden. Von der Alpe di Cucco folgen wir weiter dem Fahrweg bis zu einer Gabelung. Dort geradeaus weiter. Zuletzt auf der Nordseite des Monte Cucco hinauf zum Sattel auf dem Bergkamm. Dort rechts weiter und leicht ansteigend durch die Südostflanke des Monte Cucco zur **Bocchetta di San Bernardo**, 1586 m. Gegenüber den steilen Latschenhang auf der Nordseite aufwärts und zum **Passo di Fojorina**, 1691 m. Auf dem Grat die letzten hundert Meter zum Gipfel der Cima di Fojorina mit Blick auf die Berge um den Luganer See und in die Val Colla.
Nun westwärts hinab, die folgenden Felsen rechts umgehend zum Passo di Pianca Bella, 1725 m. Dann auf der italienischen Seite (also links) auf gutem

Steig um die Felsen der **Cima dell'Oress**, 1727 m, herum. Nun den Grat hinab in den Wald und auf Pfad auf einem Bergrücken weiter, wo wir bald auf einen Fahrweg treffen. Diesem folgen wir – immer oberhalb der Valle delle Spine – durch Laubwald (links Abstecher zur **Capanna Pairolo** möglich) hinab nach **Cimadera**. Vom oberen Ortsrand nehmen wir rechts den Treppenweg hinab zur Kirche, dann folgen wir wieder rechts der schmalen Straße talwärts, bis nach 10 Min. rechts ein unbefestigter Fahrweg abzweigt, der direkt hinüber nach **Certara** führt (im Winter Langlaufloipe).

Blick über das Val Colla auf die Cima di Fojorina und die Cima dell'Oress.

5.00 Std.

Über die Denti della Vecchia, 1491 m

11 TOP

Gratwanderung über die Luganeser Dolomiten

Aus der Bergumrahmung Luganos fallen die Denti della Vecchia deutlich heraus. Die weißen Kalkzähne, deren höchster – der Sasso Grande – mit 1491 Meter Höhe nur eine vergleichsweise bescheidene Größe darstellt, sind die Spielwiese der Kletterer vor Ort. Der auffällige Grat ist auch Wanderern nicht verschlossen; ein reizvoller Pfad führt über den aussichtsreichen Berg.

Talort/Ausgangspunkt: Sonvico, 597 m; bereits prähistorisch besiedelter, städtisch geprägter Ort 8 km nördlich von Lugano mit Pfarrkirche aus dem 15. Jh. Anfahrt von Lugano mit Bus (evtl. weiter mit Bus bis Cimadera, und von dort zur Cap. Pairolo, erspart 500 Höhenmeter). Parkplätze in Sonvico.
Höhenunterschied: 970 Hm.
Anforderungen: Überwiegend leichte Alm- und Wanderwege; für den Gratübergang Trittsicherheit und Schwindelfreiheit erforderlich. Der Anstieg auf den Sasso Grande erfordert jedoch den geübten Bergwanderer.
Einkehr: Capanna Pairolo, 1344 m (von Mai bis Oktober bewirtschaftet, 40 Schlafplätze). Alpe Bolla, 1129 m (Almwirtschaft, vom 1.5. bis 31.10. täglich bewirtschaftet; 3 Zimmer mit 8 Betten, nur mit Voranmeldung).
Sehenswertes: Der Ort Sonvico mit seinen Herrschaftshäusern und einem Waisenhaus aus dem 17. Jh. sowie das Almensemble der Alpe Bolla mit Kapelle und Vogelturm.

Wegweiser auf der Pian di Sagn, auf der Südseite der Denti della Vecchia.

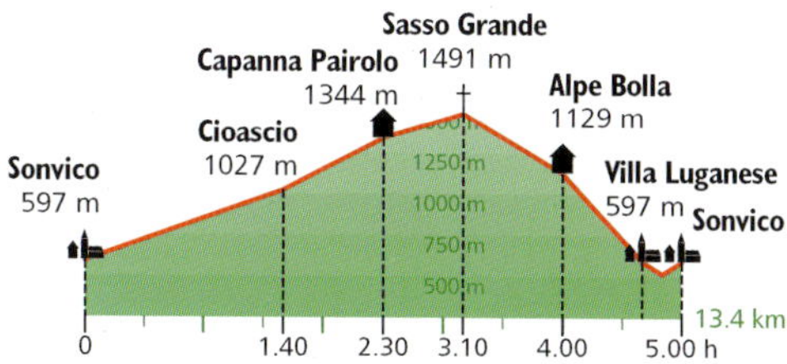

Von der Ortsmitte von **Sonvico** (bei der Pfarrkirche) wandern wir links die schmale Gasse hoch (WW) und passieren neben alten Häusern auch eine interessante Kapelle, die Santa Casa Lauretana, der bereits im 17. Jahrhundert ein Waisenhaus angeschlossen war. Ein Stück weiter erreichen wir die Fahrstraße ins Val Colla, der wir etwa 500 Meter weit folgen, bis rechts ein Fahrweg in den Wald abzweigt (WW). Auf diesem weiter Richtung Lovasano. Bei den nächsten Abzweigungen halten wir uns rechts und überqueren bald einen Bach. Nach den Hütten von Pönt geht der Fahrweg in einen Fußweg über. Etwas oberhalb stoßen wir jedoch wieder auf den Fahrweg, der sich dann durch den bewaldeten Hang bis zum ehemaligen Maiensäß **Cioascio**, 1027 m, hinaufwindet, wo wir einen eindrucksvollen Blick auf die Denti genießen können. (Hier haben wir auch die Möglichkeit, die Tour abzukürzen und über die Alpsiedlung Murio nach Villa Luganese hinüberzuqueren.) Der Weiterweg zur **Capanna Pairolo**, 1344 m, setzt sich dann über den z.T. bewaldeten Bergrücken jenseits der Alpweiden fort.
Von der Capanna, die etwas unterhalb der Kammhöhe liegt, nun in südwestlicher Richtung hinauf zum Punkt 1470, wo uns wieder der Wald aufnimmt. Auf der Nordseite des Kammes steigen wir nurmehr leicht an, direkt auf die Felsen der Denti della Vecchia zu, wo wir eine Wiese mit dem auffälligen Grenzstein »7M« erreichen. (Dieser Flecken wird auch Passo Streccione ge-

Von Tesserete bietet sich der schönste Blick auf die Denti della Vecchia.

nannt und ist der Ausgangspunkt für die Besteigung des Sasso Grande. Der Zustieg ist stellenweise blau-weiß markiert – der Anstieg selbst setzt Orientierungssinn voraus.) Nun umgehen wir den höchsten Punkt der Denti della Vecchia auf seiner Südseite und folgen dem Pfad, der direkt der Grenzlinie folgt (weitere Grenzsteine als Orientierungshilfe). Dann aber bald steil abwärts – weiter auf der Kammlinie bleibend – zum Punkt 1263 (nach links Abzweigung zur Alpe di Castello) und weiter zur Pian di Scagn, 1174 m. Hier halten wir uns rechts und steigen zur idyllischen **Alpe Bolla** ab.
Für den Abstieg nehmen wir dann entweder den Weg, der über Stabbio nach Villa Luganese führt bzw. wandern auf dem Herweg ein Stück zurück und folgen dann links dem Weg, der überwiegend durch Wald hinunter nach Creda Car, 800 m, führt. (Nach rechts Abstecher zum Grotto Monte Creda, 300 Meter.) Dort links auf dem schmalen Sträßchen in zahlreichen Kehren durch Wald hinab nach **Villa Luganese**. Gleich nach Erreichen des ersten Hauses links auf Pfad hinab in den Ort, dann rechts am Grotto degli Amici vorbei und links über den großen Parkplatz. Am anderen Ende führt ein Wanderweg steil hinab nach **Sonvico**.

12 Monte Bar, 1816 m

5.30 Std.

Höhenwanderung über dem Val Colla

Auf den freien Gipfelkuppen des Monte Bar und der Caval Drossa finden wir eine der modernsten Hütten der Tessiner Berge und ein prachtvolles Panorama, das bei guter Sicht bis zu den Walliser Viertausendern reicht.

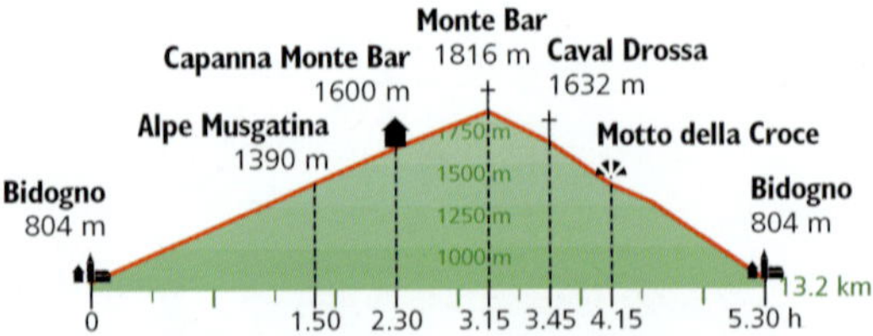

Talort: Tesserete, 532 m; hübscher Hauptort des Capriascatals mit sehenswerter Kirche Santo Stefano, 10 km von Lugano.
Ausgangspunkt: Ortsmitte von Bidogno, 804 m, einem kleinen Bergdorf 6 km von Tesserete; falls wir mit dem Postbus anfahren, können wir ein Stück Richtung Corticiasca weiterfahren und bei der Haltestelle Puffino aussteigen. Parkplätze in Bidogno.
Höhenunterschied: 1012 Hm.
Anforderungen: Der Anstieg von Bidogno zur Cap. Monte Bar erfolgt auf gutem Bergweg, die Gipfelrunde auf gut erkennbaren Pfadspuren, das letzte Stück hinab nach Bidogno dann auf unbefestigtem Fahrweg.
Einkehr: Capanna Monte Bar, 1600 m (42 Schlafplätze, von Mitte Mai bis Mitte Oktober, davor und danach an Wochenenden und Feiertagen bewartet, Tel. +41 91 9663322).
Sehenswertes: Der Kreuzweg (Via crucia e Oratorio Beata Vergine) in Bidogno.
Hinweis: Auf der Nordwestseite des Caval Drossa werden wochentags gelegentlich militärische Schießübungen abgehalten.

Im unteren Bereich des Anstiegswegs zur Capanna Monte Bar.

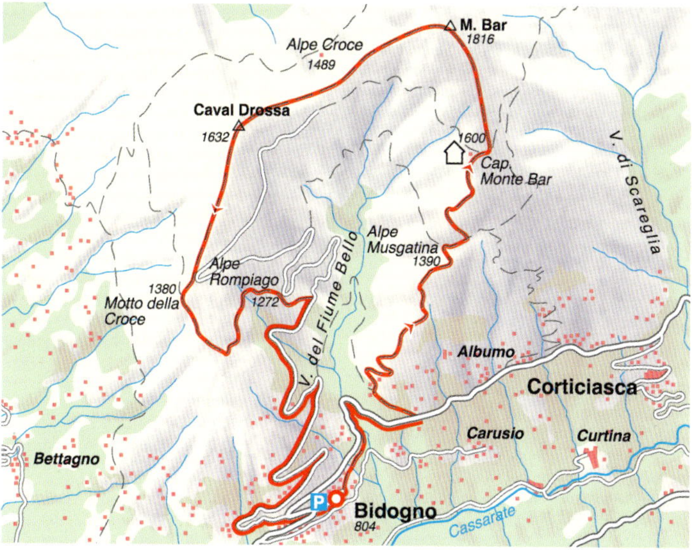

Von der Ortsmitte in **Bidogno** wandern wir in östlicher Richtung durch den hübschen Ort, bis wir auf den berühmten Kreuzweg treffen. Diesen hoch zur Kirche, dann rechts an dieser vorbei, über ein kleines Brückerl, und weiter auf einem verfallenen Güterweg – an einer Steinmauer entlang – durch Wald, bis wir auf die Fahrstraße treffen. 200 Meter auf dieser bis zur Bushaltestelle »Puffino«. Dort zweigt links ein steiler Fahrweg ab, dem wir folgen und von dem bald ein Wanderweg abgeht. Auf diesem wandern wir in zahlreichen Kehren durch lichten Wald und Buschwerk, dann über freies Gelände hinauf zur Pian Sotto (WW) und weiter zur **Alphütte Musgatina**, 1390 m, die wir nach knapp 1.30 Std. erreichen. Dort verzweigt sich der Weg. Wir halten uns rechts und steigen in weiten Serpentinen über den freien Kammrücken hinauf zur schön gelegenen **Capanna Monte Bar**, 1600 m, die im Jahre 2016 neu erbaut wurde. Die weitere Route zum Gipfel des **Monte Bar** verläuft über den breiten Grasrücken in nördlicher Richtung. – Von dort auf dem freien Verbindungskamm zwischen Monte Bar und **Caval Drossa**, 1632 m, in südwestlicher Richtung hinab in einen Sattel, dann wieder den Pfadspuren folgend hinauf auf den Nachbargipfel. Über den aussichtsreichen Südgrat hinunter zur Aussichtsloge **Motto della Croce**, 1380 m, mit Kreuz. Von dort halten wir uns links und steigen in weitem Bogen hinab zur Alpe Rompiago, 1272 m, von der ein Fahrweg in langen Kehren direkt nach **Bidogno** führt.

TOP **13**

Monte Tamaro, 1961 m, von Rivera

5.30 Std.

Auf einen Panoramagipfel par excellence

Der Monte Tamaro gehört fraglos zu den berühmtesten Aussichtsbergen des ganzen Tessins. Nicht nur seine relative Höhe macht ihn zu einem Anziehungspunkt ersten Ranges, vor allem seine Lage dicht am Lago Maggiore lässt den Betrachter nahezu die gesamten Tessiner Alpen überblicken.

Talort: Rivera, 471 m; größte Gemeinde des Sottoceneri mit drei alten Ortschaften und einer neuen Siedlung am Fuß des Monte Tamaro.
Ausgangspunkt: Talstation der Monte-Tamaro-Gondelbahn (Auffahrt zur Alpe Foppa von Ende März bis Anfang November täglich von 8.30–17 Uhr, im Juli und August bis 18 Uhr) an der Autobahnausfahrt Rivera; großer Parkplatz.
Höhenunterschied: 1537 Hm.
Anforderungen: Von der Talstation bis zur Cap. Tamaro Almfahrweg (mit interessanterer Bergsteig-Variante zwischen Corte di sopra und Hütte); der Gipfelanstieg erfolgt auf einfachem Bergsteig, wobei die letzten Meter etwas steil sind.
Einkehr: Ristorante Alpe Foppa, 1532 m (von Juni bis Ende Okt. bew.); Capanna Tamaro, 1867 m (UTOE-Hütte, 55 Lager, Anf. Juni bis Ende Okt. bewirtschaftet; Tel. +41 91 9461008). Alpe Duragno.
Sehenswertes: Am Gipfel des Monte Tamaro bietet sich eines der besten Panoramen im südlichen Tessin. Die von Mario Botta renovierte Kirche Santa Maria degli Angeli auf der Alpe Foppa.
Hinweis: An der Mittelstation befindet sich der »Adventure Park« (Hochseilgarten), eine Bar und der Bikepark.

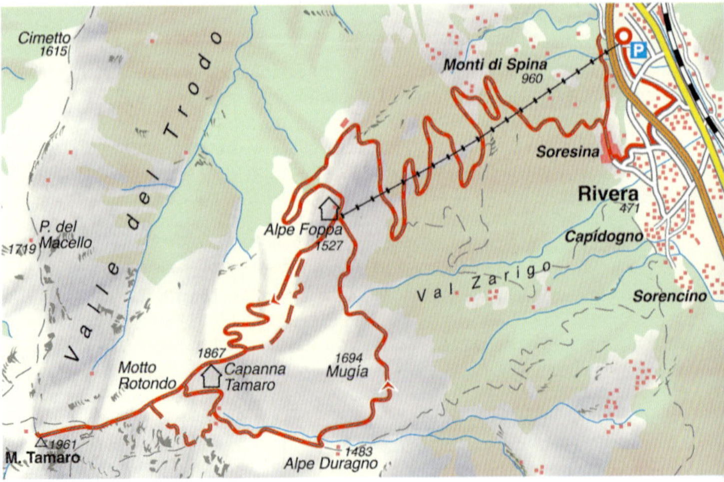

Die Alpe Foppa – im Hintergrund die Gipfel der zentralen Tessiner Alpen.

An der **Talstation** der Seilbahn seitlich vorbei bis zum Ende der Zufahrtsstraße. Dort verzweigt sich der Weg. Wir halten uns erst rechts, dann wieder links und folgen einer kleinen Teerstraße (vorbei an einem Brunnen), die die Autobahn unterquert und in einen unbefestigten Fahrweg übergeht. Über das Dorf Soresina und das Maiensäß Monti di Spina, 960 m, windet sich die Fahrstraße in zahlreichen Serpentinen hinauf bis zur Corte di sopra, 1530 m. Dort treffen wir neben der Bergstation der Seilbahn auf das **Ristorante Alpe Foppa**, einen Spielplatz für Kinder, eine Sommerrodelbahn und eine Tyrolienne. Wir folgen weiter dem Fahrweg zur Bergstation des Skilifts. Dort haben wir zwei Möglichkeiten: Wir folgen entweder dem kleinen Sträßchen durch die Nordflanke bis zur Antennenanlage auf dem Ostgrat oder nehmen den Pfad, der (markiert) direkt auf dem Grat zu diesem führt. Von dort folgen wir dem Pfad, der teils auf dem Grat, teils rechts daneben zur **Capanna Tamaro** führt. Zuerst wandern wir nahezu eben weiter, dann leicht hinab in den Sattel zwischen Motto Rotondo und **Monte Tamaro**. Über den Ostgrat steigen wir steil hinauf zum Gipfel (Wegweiser und kleine Steinpyramide). Für den Abstieg gibt es eine reizvolle Alternative: Wir kehren zurück bis zur Capanna Tamaro und folgen dann bald rechts dem Pfad steil hinunter zur **Alpe Duragno**, 1483 m. Von dort führt ein Weg ohne großen Höhenunterschied um den Vorgipfel Mugía herum zur **Alpe Foppa** und mit der Seilbahn oder auf dem Anstiegsweg ins Tal zurück.

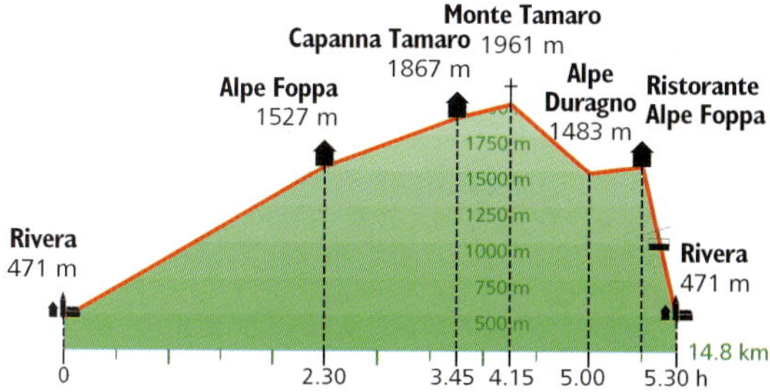

14 Monte Gambarogno, 1734 m

8.00 Std.

Per Schiff und zu Fuß auf einen Aussichtsbalkon über dem Lago Maggiore

Der Monte Gambarogno gehört zu den großen Aussichtsbergen am Lago Maggiore. Er muss zwar ohne besonders ausgeprägten Gipfel leben, doch erhebt er sich direkt über dem See und fordert von seinen Besteigern 1500 stramme Höhenmeter. Dafür entschädigt der Tiefblick auf das Mündungsdelta der Maggia mit den beiden Orten Locarno und Ascona für die Mühe.

Der Monte Gambarogno von Osten.

Talort: San Nazarro, 198 m; Ferienort auf der Ostseite des Lago Maggiore. Anfahrt mit dem Auto auf der Uferstraße (Autobahnabfahrt Bellinzona Sud), mit der Bahn oder mit dem Schiff von Locarno.
Ausgangspunkt: Ortsmitte von San Nazarro. Mehrere Parkplätze im Ort, z.B. in Nähe der Kirche.
Höhenunterschied: 1578 Hm.
Anforderungen: Langer und steiler Anstieg, Bergwanderweg, jedoch gut markiert und überwiegend schattig (bis auf das letzte Stück am Gipfel), ohne objektive Schwierigkeiten, Trittsicherheit jedoch erforderlich.
Einkehr: Ristoranti in Vairano. Grotto Maiüch auf den Monti di Piazzogna. Am eigentlichen Anstiegsweg Getränke, Käse und hausgemachtes Brot an der Alpe Cedullo (Agriturismo, 6 Plätze; Tel. +41 91 7941383). Im Oratorio di Sant' Anna (15 Min. oberhalb) weitere 12 Schlafplätze.

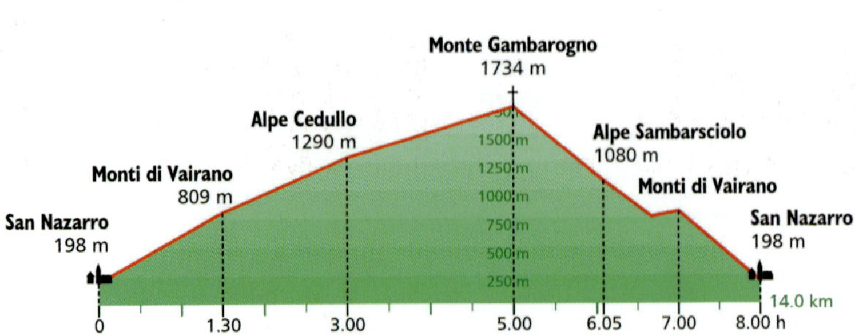

Auf der Hauptstraße in **San Nazarro** gehen wir zuerst zur Pfarrkirche, wo ein alter Saumweg hinauf nach Vairano, 392 m, abzweigt. Nach einer halben Stunde durch Weinreben und Wald treffen wir auf eine kleine Straße, der wir nach links in den Ort folgen. Bei der kleinen Kirche und der Osteria Miralago rechts und der Markierung bis zum oberen Ortsende folgen (WW »Sass da Grüm«), dann rechts dem gepflasterten und gestuften Weg bis zu den letzten Häusern am Waldrand. Dort beginnt ein Steig, der steil durch Wald und über einige Maiensäße hinauf zu den **Monti di Vairano**, 809 m, führt. Wir überqueren die asphaltierte Alpstraße und folgen über Steintreppen der Ausschilderung zur **Alpe Cedullo**, 1290 m, die wir auf gutem Bergweg erreichen. Dort oben tummeln sich jede Menge Ziegen und folglich gibt es auch »Formaggio« zu kaufen. Von der Alpe folgen wir dem linken Weg, der direkt auf den Gipfel des Gambarogno zuhält, und steigen durch Wald hoch bis zu einem ausgeprägten Graben. Dann folgen wir den zahlreichen weiten Serpentinen durch den nun freien Südwesthang bis zu den verschlossenen ehemaligen Alpgebäuden knapp unterhalb des Gipfels des **Monte Gambarogno**; dort rechts hinauf zum höchsten Punkt.

Der Abstieg führt uns zuerst in nordöstlicher Richtung hinab zu den Hütten der Alpe di Lierna. Dort folgen wir links dem Nordkamm auf gutem Weg, bis nach etwa 15 Min. links der Steig zur Alpe Sambarsciolo, 1080 m, abzweigt. Relativ steil, im unteren Bereich in zahlreichen Kehren hinab zu den **Monti di Piazzogna**, 767 m, wo wir auf das schmale asphaltierte Alpsträßchen stoßen. Diesem folgen wir links nahezu eben zu den **Monti di Vairano**. Dort steigen wir auf dem Anstiegsweg hinab nach **San Nazarro**.

15 Alpe di Neggia, 1395 m

4.30 Std.

Zwei berühmte Aussichtsgipfel auf einen Streich

Der Monte Gambarogno und der Monte Tamaro sind die unbestrittenen Aussichtsberge auf der Südostseite des Lago Maggiore. Beide sind relativ leicht durch kurzweilige Wanderungen zu erreichen, die an der Passstraße von Vira zur Alpe di Neggia in 1395 m Höhe ihren Ausgang nehmen.

Talort: Vira, 209 m, bzw. Magadino, 199 m; zwei kleine, reizvolle Orte am nordöstlichen Ende des Lago Maggiore, gegenüber von Locarno. Bahnstation. In Vira beginnt die Passstraße über den Corte di Neggia nach Indemini (Grenzstation) im oberen Valle Veddasca.

Ausgangspunkt: Corte di Neggia, 1395 m; Passübergang zwischen den beiden Aussichtsgipfeln Monte Gambarogno und Monte Tamaro. PTT-Bus-Verbindung von Locarno über Magadino. Parkplatz direkt auf der Passhöhe.

Höhenunterschiede: 339 Hm im Anstieg zum Monte Gambarogno; 566 Hm im Anstieg zum Monte Tamaro.

Anforderungen: Der Anstieg auf den Monte Gambarogno erfolgt auf leichtem Bergweg, Trittsicherheit erforderlich; die Route auf den Monte Tamaro ist ebenfalls nicht schwer, doch Trittsicherheit und Schwindelfreiheit sind im Gipfelbereich angeraten.

Einkehr: Ritrovo di Neggia auf der Passhöhe (Terrasse, 52 Betten; Tel. +41 91 7951997), evtl. Capanna Tamaro, 1867 m (UTOE-Hütte, 55 Lager, von Anfang Juni bis Ende Oktober bewirtschaftet; Tel. +41 91 9461008).

Sehenswertes: Umfassende Panoramen von beiden Gipfeln, vom Monte Gambarogno ungewöhnlich reizvoller Seeblick auf den Lago Maggiore mit dem Schwemmkegel, auf dem sich Locarno und Ascona befinden. Reizvoll der Abstecher hinab ins Valle Veddasca zum malerischen Ort Indemini, der mit engen Gassen und mit einem Heimatmuseum aufwarten kann.

Von der Corte di Neggia bietet sich ein Panoramablick über die Tessiner Alpen.

Anstieg auf den Monte Gambarogno: Vom Parkplatz auf schmalem Fahrweg in westlicher Richtung (Ausschilderung) 10 Min. aufwärts bis zu einer Kehre. Dort geradeaus weiter und durch die z.T. bewachsene Nordostflanke leicht ansteigend zum Nordkamm des Berges, wo der direkt vom See heraufführende Weg einmündet. Nun links weiter durch buschiges Gelände, immer unterhalb der Kammhöhe, hinauf zu den Gebäuden der **Alpe di Lierna**. Nurmehr leicht ansteigend hinüber zu zwei weiteren Steinhütten knapp unterhalb des Gipfels und über steiles Gelände hinauf zum höchsten Punkt. – Zurück auf dem Anstiegsweg bis zur Wegverzweigung bei den unteren Alphütten. Dort folgen wir rechts dem freien Ostkamm zur Passhöhe.

Anstieg auf den Monte Tamaro: Von der Passhöhe führt der Steig über den Grasrücken und durch Gebüsch direkt auf den Westgrat des Monte Tamaro zu (Markierung). Dann folgen wir den weiten Serpentinen zu den beiden Militärhütten auf dem **Tamaretto** (1600 m), einem kleinen Vorgipfel. Im weiteren Verlauf bleiben wir überwiegend auf der Nordseite und stets etwas unterhalb des eigentlichen Westgrates. In Höhe des Grates, der auf der Nordseite direkt auf den Poncione del Macello zuläuft, zweigen wir rechts auf einen steilen Pfad ab, der uns direkt zum Gipfel bringt. Die **Capanna Tamaro** liegt etwas östlich des Gipfels. – Die Rückkehr erfolgt auf dem Anstiegsweg.

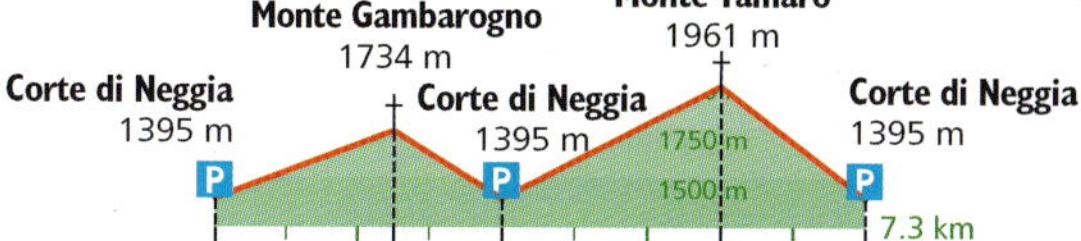

16 Sassariente, 1767 m

7.30 Std.

Vogelschau auf den Piano di Magadino

Der steile Felszahn des Sassariente markiert als deutlich vorgelagerter Gipfel das südliche Ende der Cima dell'Uomo, die das Verzascatal im Osten abschließt. Der Höhenunterschied zur Magadino-Ebene ist beträchtlich, die Aussicht dafür um so beeindruckender. Wer die Tour allerdings etwas kürzer gestalten möchte, kann seinen Start auch höher legen, denn von Cugnasco führt ein schmales, z.T. recht steiles öffentliches Sträßchen zum ehemaligen Maiensäß Monti di Motti (heute Ferienhaussiedlung) hoch.

Talort: Gordola, 205 m; Ort am Eingang zum Verzascatal mit Pfarrkirche und mehreren Hotels. Anfahrt von Locarno mit PTT-Bus (Haltestelle »Piazza«).
Ausgangspunkt: Piazza von Gordola bzw. Pfarrkirche. Es besteht die Möglichkeit, zu den Monti di Motti mit dem Pkw hochzufahren (15 km von Gordola), die Straße ist jedoch sehr eng und schmal. Parken im Ortsbereich; in Nähe des Ausgangspunktes nur wenige Abstellplätze.
Höhenunterschied: 1562 Hm im Anstieg, 1564 Hm im Abstieg.
Anforderungen: Leichte und überwiegend schattige, jedoch zu Beginn steile Bergwanderwege; z.T. Fahrweg. Im Gipfelbereich Trittsicherheit und Schwindelfreiheit erforderlich, einige Seilsicherungen.
Einkehr: Grotto mit Terrasse auf den Monti di Motti, Osteria degli Amici und Osteria Bellavista in Gordemo.
Sehenswertes: Reizvolle Alpsiedlungen am Weg und der fantastische Tiefblick auf die Magadino-Ebene. Sehenswert die Bolle di Magadino, ein Naturschutzgebiet mit mehreren Lehrpfaden in der Magadino-Bucht.

Der Sassariente (links) aus der Magadino-Ebene gesehen.

Am besten starten wir unsere Tour an der Piazza in **Gordola**, denn weiter oben in Gordemo hätten wir ein Parkproblem. Von der Hauptstraße (beim Coop) rechts den gepflasterten Fußweg am kanalisierten Bach entlang hoch zur Kirche mit frei stehendem Glockenturm. Dort beginnt links vom Gebäude (auf der rechten Bachseite) der markierte Steig zu den Monti di Motti. An Natursteinmauern entlang geht es zuerst durch Wald und Rebhänge zum oberen Ortsrand von Gordola, wobei wir ein paar Zufahrtssträßchen berühren. Dann steigen wir in Kehren am rechten Rand des tief eingeschnittenen Valle della Pentima durch Wald steil hinauf zur **Alpe Bazzadee**, 876 m. Dort am westlichen Rand der Alpe links durch Wald weiter – nurmehr mäßig steil – hinauf zu den auf einer Hochterrasse gelegenen **Monti di Motti**, 1060 m, die heute als Ferienhäuschensiedlung dienen und neben einer Kapelle auch ein Grotto aufweisen. Der Weiterweg zum Sassariente führt links davon auf einem nurmehr langsam ansteigenden, unbefestigten Fahrsträßchen in östlicher Richtung durch Wald weiter. Wir umgehen bald den Mattarone, 1182 m, auf seiner Nordseite und gelangen so in eine Senke östlich davon. Dort rechts hinauf bis zum Ende des Sträßchen, dann links auf Wanderweg in weiten Kehren hinauf zu den Monti della Scesa, 1279 m, und in weitem Rechtsbogen steil hinauf zur **Alpe di Foppiana**, 1495 m. In östlicher Richtung nun dem mit Nadelwald bewachsenen Bergkamm folgend zum Nord-

Tiefblick vom Dorf Mergoscia auf den Lago di Vogorno, der die Verzasca für die Energiegewinnung staut; links erhebt sich die steile Westflanke des Sassariente.

grat des Sassariente hoch, der steil in das nördlich davon gelegene Val di Porta abfällt, dann in den Sattel hinter dem Gipfelaufbau. Links des Grates auf Pfad ein kurzes Stück abwärts, dann rechts die steile, mit Fixseilen gesicherte Ostflanke hinauf zum höchsten Punkt des **Sassariente**, den ein Eisenkreuz ziert.

Auf dem Anstiegsweg zurück zu den **Monti di Motti**, dann in südwestlicher Richtung auf Natursträßchen hinab zu den **Monti di Metri**. Auf steilem Weg in zahlreichen Serpentinen durch Laubwald hinab nach **Gordemo**, 425 m, das wir im letzten Stück durch Rebhänge auf dem »Sentiero alla Fontana« (gepflasterter Treppenweg) erreichen. Dort folgen wir ein Stück der Dorfstraße, bis links der Weg durch Rebhänge nach Scalate abzweigt. Auf diesem hinunter bis zur Zufahrtsstraße ins Verzascatal, dann jenseits auf der Vicolo Scalate hinab zur Verzascabrücke. Über diese und dann der Hauptstraße folgend, bis links die Straße zum Bahnhof von **Tenero** abzweigt. Dort haben wir alle Möglichkeiten (Bus/Bahn), um zu unserem Ausgangsort zurückzukehren.

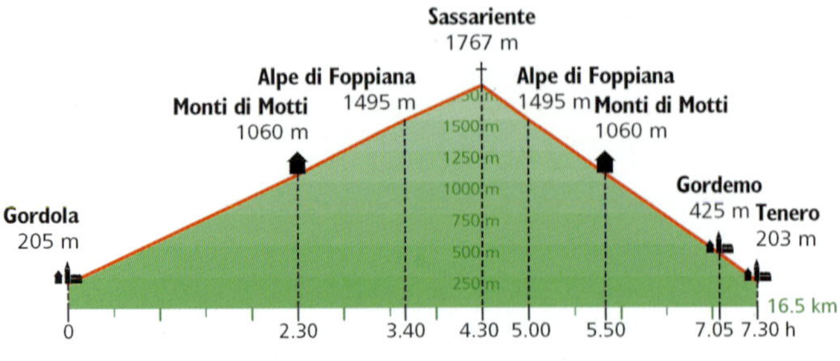

3.30 Std.

Im Valle Morobbia 17

Reizvolle Almwanderung in einem wilden Bachtal

Unser Ausflug in das stille Valle Morobbia führt uns hinaus vom umtriebigen Bellinzona in eine allmählich in die Bedeutungslosigkeit versinkende Kultur- und Industrielandschaft. Die letzten bewohnten Dörfer im oberen Teil des Hochtales strahlen jedoch noch eine typische Tessiner Dorfidylle aus, wie sie unseren Vorstellungen entspricht. Kaum zu glauben, dass in diesem Bergtal noch bis Ende des vorletzten Jahrhunderts Bergbau betrieben wurde; doch heute sind alle Spuren getilgt. Auf unserer Wanderung treffen wir dann auf aufgelassene Alpweiden und Alphütten (die teilweise zu Wochenendhäuser numfunktioniert wurden). Aber auch reizvolle Wasserfälle und Bachläufe sowie eine intensive Vegetation bestimmen das Bild. Der Wendepunkt der Tour befindet sich bereits nahe der italienischen Grenze. Und dort befindet sich auch der höchste Berg der Südtessiner Alpen, der Camoghè, der immerhin noch die beachtliche Höhe von 2228 Meter erreicht.

Talort: Bellinzona, 227 m; siehe Seite 19.
Ausgangspunkt: Carena, 958 m, im oberen Morobbiatal. Von Giubiasco mit Auto und dem PTT-Bus auf kurvenreicher, 12 km langer Fahrstraße zu erreichen. Kleiner Parkplatz im Ort.
Höhenunterschied: 500 Hm.
Anforderungen: Überwiegend gute Bergwege, die jedoch Trittsicherheit voraussetzen; im Abstieg ist der erste Teil bei Alla Serra durch kleine Murenabgänge etwas verwüstet und ohne Markierung. Etwas Orientierungssinn erforderlich, wenig begangen.
Einkehr: Unterwegs keine. In Carena die Osteria della Pace und das Ristorante della Posta.
Sehenswertes: Einige schöne Wasserfälle.

Alter, mit Ginster flankierter Wirtschaftsweg ins Valle Morobbia.

Die verlassenen Steinhütten der Alpe Fossada sind Zeugen einer untergehenden Almwirtschaft. Nur vereinzelt wird noch Vieh aufgetrieben.

Vom Dorfplatz in **Carena** wandern wir zuerst Richtung Osten, also dem Talschluss zu, bis am Ortsende links ein Wegweiser zur Alpe Fossada weist. Dort links den gepflasterten Weg (rot-weiß mark.) durch die letzten Häuser hinauf, bis wir oberhalb des Dorfes auf eine Asphaltstraße treffen. Dort rechts (bei der Kehre geradeaus) und auf dem dort beginnenden Pfad (verwaschene Markierung) eben durch eine steile Wiese. Der Pfad ist hier etwas verwachsen, aber bald erreichen wir den Wald und von da an führt ein schöner Waldweg langsam ansteigend höher. Nach etwa einer halben Stunde passieren wir bereits den ersten von mehreren schönen Wasserfällen. Bald queren wir auch die aufgelassene **Alp Dosso di Prada** und erreichen einen zweiten, etwas kleineren Wasserfall (nach etwa 1 Std. Gehzeit von Carena). Dort zweigt (bei einer verfallenen Alm) rechts ein steiler Pfad zu den unterhalb liegenden Monti di Ruscada ab, den wir nehmen können, falls wir die

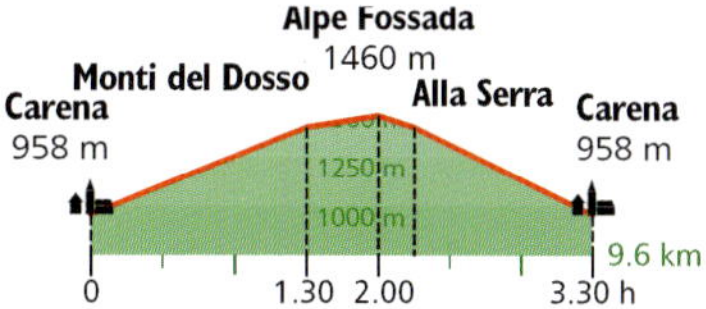

Tour um etwa die Hälfte abkürzen wollen. Auf schönem Weg nun aber weiter leicht ansteigend zu den **Monti del Dosso**, 1400 m, deren Alphütten aber einer neuzeitlichen Nutzung zugeführt wurden, das heißt als Wochenendhütten ausgebaut und genutzt werden. Von hier bietet sich ein schöner Blick über das Hochtal hinweg auf den Camoghè, links sehen wir den noch fernen, bewaldeten Talschluss. Noch ein kurzes Stück ansteigend, dann aber nahezu eben durch schönen Buchenwald weiter zur **Alpe Fossada**, 1460 m. Die inmitten steiler Alpwiesen gelegenen Hütten stellen sicher den besten Platz zum Verweilen auf der ganzen Wanderung dar. Bei Regen können wir uns zur Not im kleinen Schafstall unterstellen. (Von hier führen auch Pfade bergwärts, die hinüber zur Capanna Gesero leiten.) Bald ist auch der Wendepunkt der Wanderung erreicht. Wir gehen von der Alpe noch ein Stück gerade weiter, folgen dann dem leicht fallenden, markierten Steig bis zu einem Bach, queren diesen, und wandern dann durch Laubwald hinab zur Gemarkung **Alla Serra**, wo wir auf einen weiteren Bach treffen. Jenseits des Baches dann ein Wegweiser. Bei diesem rechts weg und über freies Gelände hinab zu einem weiteren Bach. Durch raues Berggelände mit Resten von Muren und Baumstämmen auf der rechten Bachseite nun das Tal hinaus. Die Markierungen hier sind schlecht, der Pfad aber gut begehbar. Nach einer Dreiviertelstunde (ab Alpe Fossada) treffen wir dann auf eine kleine Eisenbrücke. Links über diese, dann rechts weiter und hinaus zu einer Fahrstraße. Auf dieser bequem in einer halben Stunde hinaus zum Ausgangsort **Carena**.

18 Von Santa Maria in Calanca nach Cama

1.15 Std.

Abstecher zu einer berühmten Kirche im Misox

Wenige Kilometer von der Tessiner Kantonsgrenze entfernt liegt hoch über dem Val Mesolcina der reizvolle Ort Santa Maria in Calanca. Obwohl politisch zum Kanton Graubünden gehörend, orientieren sich die Seitentäler südlich des San-Bernardino-Passes am Tessin. Vegetation, Baustil und Sprache der Bewohner sind südlich ausgerichtet. Schaustück von Santa Maria in Calanca ist die Kassettendecke in der Kirche Madonna Assunta; sie gilt als Juwel und schönstes Beispiel einer Holzdecke südlich der weit entfernten Stadt Chur, die bereits im Spätmittelalter administratives Zentrum des Tales war.

Talort/Ausgangspunkt: Santa Maria in Calanca, 955 m; kleiner Ort auf einem Bergvorsprung oberhalb des Valle di Mesolcina im Misox. Parkplatz im Ort. Anfahrt mit PTT-Bus von Bellinzona. Rückfahrt von Cama mit Bus.
Höhenunterschied: 605 Hm im Abstieg.
Anforderungen: Überwiegend Wanderwege, ein kurzes Stück Wirtschaftssträßchen.
Einkehr: Ostello Santa Maria (für Gruppen). Ristorante Bella Vista (Zimmer), Ristorante della Torre und Rist. Molera in Santa Maria in Calanca, Ristorante Arizzi in Verdabbio sowie auch ein Grotto, eine Bar und ein Albergo in Cama.
Sehenswertes: Wunderbare Aussicht von Santa Maria in Calanca auf die Berge des Misox und das tief unten liegende Valle di Mesolcina. Die Wallfahrtskirche Santa Maria Assunta kann mit bedeutenden Kunstschätzen aufwarten. Am Ortsrand können wir noch auf den gut erhaltenen mittelalterlichen Burgturm steigen und so die Aussicht noch besser genießen. Im kleinen Ort Castaneda, unterhalb von Santa Maria in Calanca, kann ein kleines Etruskermuseum besucht werden.

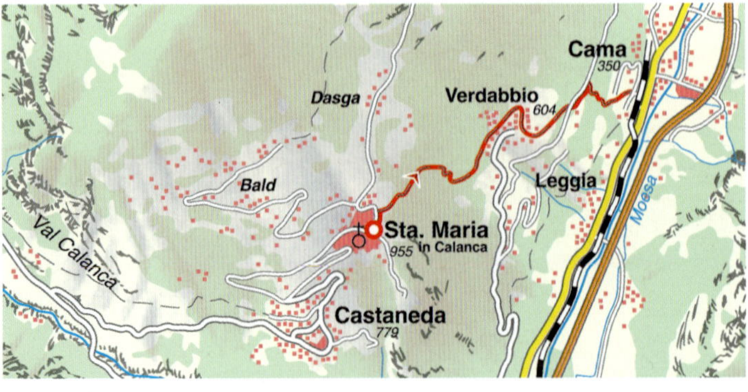

Tiefblick auf Cama, im Tal der Moesa. Die Schnellstraße führt zum San-Bernardino-Pass.

Unsere Wanderung beginnt am Parkplatz (Buswendeplatz) in Santa Maria in **Calanca**, auf der Nordseite der ehemaligen Burg mit dem unübersehbaren Bergfried. Wir folgen zunächst links dem Asphaltsträßchen 100 m bergan, bis rechts ein Wegweiser (»Verdabbio«) uns die weitere Route vorgibt. Direkt über die Wiese zum Waldrand, dann links auf schmalem Weg durch Wald weiter. Bald in kurzen Serpentinen durch steileres Gelände hinab und links haltend durch Bergwald zu einer Hausruine im Wald. Dort rechts in weiten Serpentinen weiter hinab, bis wir auf eine Weggabelung stoßen. Hier links weiter (der Weg wurde kürzlich mit Stegen und Geländer verbessert) und in 10 Minuten hinab zu den ersten Häusern von **Verdabbio**, 604 m. Vorbei an einem alten Waschplatz und durch kleine Felder erreichen wir den Ortskern. An der Kirche halten wir uns links und wandern durch eine schmale von Trockenmauern gesäumte Gasse zum unteren Dorfrand (links Weingärten). Dort queren wir ein asphaltiertes Dorfsträßchen und wandern auf schönem Saumweg durch Wald – vorbei an einem alten Bildstock und weiter unten entlang einer alten Trockenmauer – hinab zu einem Bauernhof, wo wir erneut auf eine Asphaltstraße treffen. Dieser folgen wir 100 m nach links, bis rechts (Achtung, Wegabzweigung leicht zu übersehen, rot-weiß markiert!) unser Wanderweg seine Fortsetzung erfährt. Im weiteren Verlauf folgen wir bald einem breiten, gepflasterten Saumweg durch Mischwald – vorbei an einem großem Bildstock und durch auffällige Felsblöcke – zu einer Weggabelung. Dort folgen wir im spitzen Winkel rechts den gelben Rauten durch schönen Kastanienwald hinab nach **Cama**, 350 m, das wir beim alten Bahnhof erreichen. Nach einer erfrischenden Einkehr im Grotto oberhalb kehren wir mit dem Bus zurück.

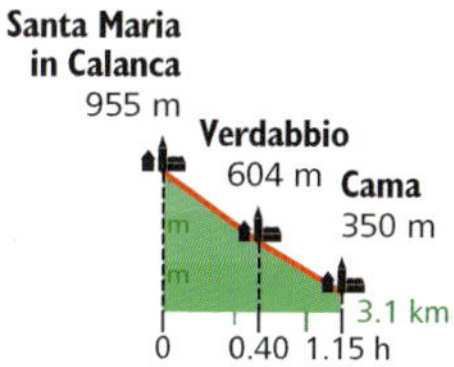

Santa Maria in Calanca vor der Kulisse der Misoxer Berge.

3.30 Std.

Von Cardada nach Mergoscia

19 TOP

Aus der Stadt Locarno direkt auf einen Aussichtsbalkon

Der Ausflug auf den Hausberg der Locarneser greift zwar ein bisschen den Geldbeutel an, doch genießt man dafür innerhalb kurzer Zeit eines der schönsten Panoramen des gesamten Tessins: Die Aussicht von der Cardada und von den Monti di Lego reicht von den Berghöhen über dem Centovalli, über den Langensee und das Sottoceneri bis zu den Bündner Bergen.

Talort: Locarno, 205 m; siehe Seite 20. Zahlreiche Parkplätze in Locarno, jedoch alle gebührenpflichtig.
Ausgangspunkt: Bergstation der Cardada-Seilbahn, 1332 m. Zur Talstation der Bahn bei der Wallfahrtskirche Madonna del Sasso, oberhalb von Locarno, mit der Standseilbahn von der Piazza Stazione in Locarno. Rückfahrt von Mergoscia nach Locarno mit dem Bus.
Höhenunterschied: Im Anstieg 150 Hm, im Abstieg 750 Hm.
Anforderungen: Gut begehbare Aussichtswege von der Bergstation bis zur Alpe Cardada, dann schmaler Bergweg bzw. teilweise gepflasterter Alpsteig (Trittsicherheit erforderlich) bis Mergoscia.
Tiefster Punkt: Mergoscia, 731 m.
Einkehrmöglichkeiten: Restaurant an der Bergstation der Cardada-Seilbahn sowie an der Talstation des Cimetta-Sesselliftes. Albergo Cardada auf der Alpe Cardada, 1496 m (50 Betten, nahezu ganzj. bew.; Tel. +41 91 7513595), Capanna Lo Stallone, 1496 m (52 Betten, fast ganzjährig bew.; Tel. +41 91 7436146) Capanna / Grotto Monti di Lego (10 Lager). Grotto in Mergoscia.
Sehenswertes: Aussichtsplattform bei der Bergstation. Bergkapelle am Monti di Lego.

Die Capanna Monti di Lego ist willkommener Zwischenstopp beim Abstieg nach Mergoscia.

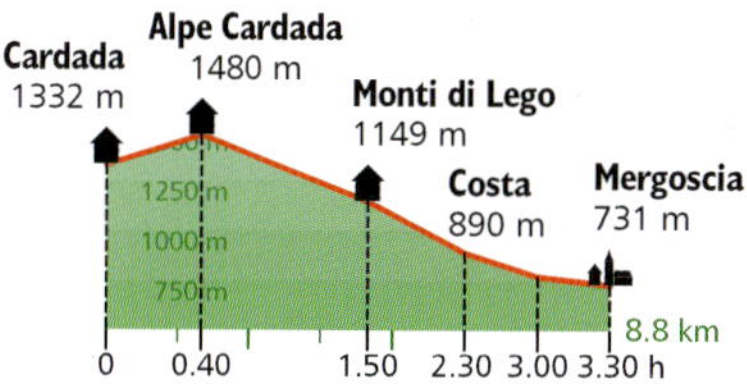

Die Wallfahrtskirche Madonna del Sasso oberhalb von Locarno.

Von der Bergstation auf **Cardada**, 1332 m, rechts auf breitem gepflastertem Wanderweg eben zur Talstation des Cimetta-Sessellifts, 1329 m. Rechts vorbei und geradeaus auf zuerst gepflastertem Weg bergwärts. In Serpentinen durch Nadelwald, dann durch die Osthänge der Cimetta empor, bei der folgenden Wegverzweigung links, dann in einem weiten Rechtsbogen hinüber – vorbei am Ristorante La Club Locarno Solduno – zur bewirtschafteten **Alpe Cardada**, 1480 m, auf einem kleinen Plateau (von links mündet der direkte Abstiegsweg von der Bergstation des Cimetta-Sessellifts ein). Dort rechts vorbei zur Capanna Lo Stallone, dann links auf leicht fallendem Saumweg (WW) durch Buchenwald zu einer Weggabelung. Wir nehmen den rechten

Abzweiger, queren, leicht absteigend, am Fuß der Cima della Trosa entlang und steigen dann auf Plattenweg hinab zu den Alphütten von Sceres, 1287 m. Durch Wald und freies Gelände weiter durch die wilde Landschaft des obersten Val Resa, bis der Weg seine Richtung ändert. Nahezu eben geht es nun durch freies Gelände über die Alpweiden der Pianca (bei der nächsten Abzweigung geradeaus), bis wir nach einer Querung die idyllisch gelegenen Capanna **Monti di Lego**, 1149 m, erreichen. Neben einer kleinen Kapelle mit herrlichem Ausblick erwartet uns ein Grotto zur Einkehr.
Wir gehen kurz zurück zur Wegverzweigung vor den Alphütten und folgen dann rechts dem Wegweiser, der uns zwischen den Hütten hindurchführt. Dann leicht fallend hinab durch Buchenwald zur Alpsiedlung **Costa**. Dort links haltend weiter durch Wald, dann steil hinab auf gut angelegtem Weg (Steinstufen, an einigen Stellen Holz- oder Eisengeländer) in Serpentinen hinab ins Valle di Mergoscia bis zum tiefsten Punkt, 771 m, wo eine steinerne Brücke über den wilden Bach führt. Jenseits ein Stück hinauf, dann eben durch den steilen, bewaldeten Hang (Trittsicherheit erforderlich), bis wir auf den von links herabführenden Alpweg treffen. Hier rechts weiter bis zu einer Wegverzweigung vor den ersten Häusern von Busada. Links weiter (rechts Sträßchen zur Osteria Trosa in Mergoscia) durch schöne Rebhänge eben zum Ortsteil Lissoi. Dort rechts auf gepflastertem Weg hinab zu einer Kapelle und links auf Asphaltsträßchen hinab in die reizvolle Ortsmitte von **Mergoscia**.

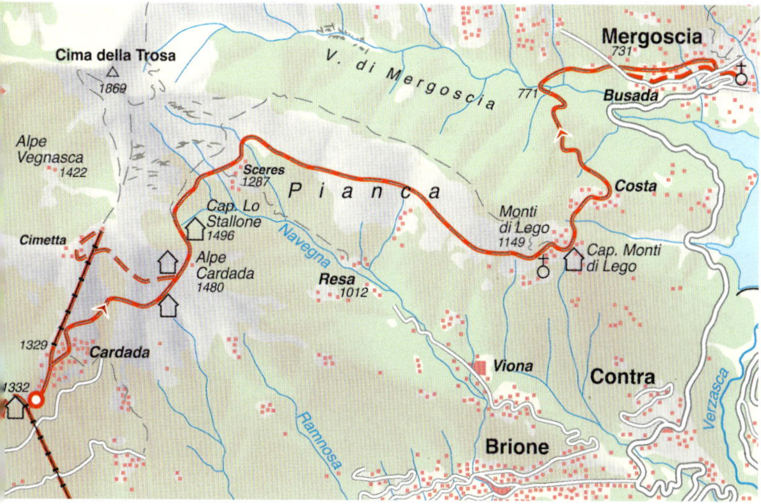

20 Von Lavertezzo nach Mergoscia

3.00 Std.

Talwanderung entlang der wilden Verzasca

Zu den schönsten Wanderungen im Verzascatal zählt zweifelsohne der gut ausgeschilderte Weg entlang der wilden, smaragdgrünen Verzasca (»Sentierone Val Verzasca«), auf dem es eine üppige Natur zu bewundern gibt. Er berührt reizvolle kleine Siedlungen, außerdem sind einige Grotti am Wege.

Talort: Lavertezzo, 536 m; siehe Seite 21.
Ausgangspunkt: Oberes Ortsende von Lavertezzo, bei der mittelalterlichen Brücke Ponte dei Salti. Die Route kann natürlich auch in umgekehrter Richtung begangen werden. Parkplatz am Ausgangspunkt. Anfahrt besser mit dem PTT-Bus, auch im Hinblick auf die Rückfahrt vom Endpunkt Mergoscia.
Höhenunterschied: 224 Hm im Abstieg, 419 Hm im Anstieg.
Anforderungen: Wanderwege und -pfade, ein Stück auf Sträßchen. Ab Monte di Gresino Trittsicherheit erforderlich.
Einkehr: Grotto al Ponte an der alten Brücke in Lavertezzo sowie Grotto al bivio an der Straßenabzweigung nach Corippo, Osteria Corippo (WC/Telefon) und Grotto in Mergoscia.

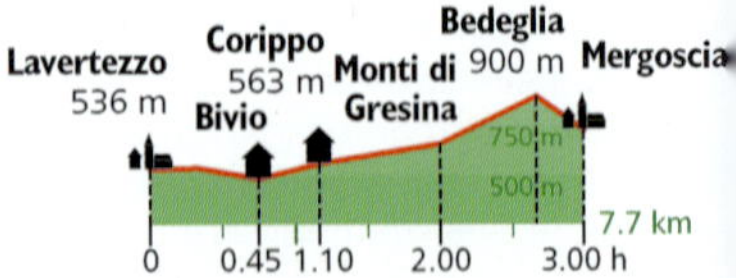

Sehenswertes: Die mittelalterliche Brücke Ponte dei Salti in Lavertezzo gehört zu den Hauptanziehungspunkten im gesamten Verzascatal; das Hangdorf Corippo weist noch heute seine alte Geschlossenheit auf und zählt zu den schönsten Dörfern des Tessins – es ist seit einiger Zeit denkmalgeschützt.

Wir starten unsere Wanderung am oberen Ortsende von **Lavertezzo** bei der wohl berühmtesten Brücke des gesamten Tessins, der Ponte dei Salti, einer mittelalterlichen Doppelbogenbrücke. Nach Überquerung der Brücke wandern wir links auf dem gut markierten und ausgebauten Wanderweg talaus-

Lavertezzo, einer der Hauptorte im Verzascatal.

wärts (rechts oberhalb der Brücke befindet sich das Grotto al Ponte). Die Route verläuft bis auf wenige Meter verkehrsfrei immer auf der rechten Seite der Verzasca durch schattige Waldabschnitte, durch Kastanienwälder und teils direkt entlang der Verzasca. Vorbei an den Hütten von **Oviga di fuori**, 540 m, und einigen wenigen Lichtungen erreichen wir auf nahezu ebenen Wegen die Stichstraße nach Corippo, rechts vom **Bivio di Corippo**, 485 m (Grotto) und damit auch den tiefsten Punkt unserer Wanderung. Dort rechts auf der schmalen Zufahrtstraße hinauf nach **Corippo**, 563 m, das unter Denkmalschutz steht. Vom Kirchplatz in der Ortsmitte führt dann links ein Treppenweg (WW) steil hinab ins Valle di Corippo, wo wir auf einer Steinbrücke den tief eingeschnittenen Bach überqueren. Kurz dahinter rechts halten, wo wir nach kurzem Aufstieg Liano, 562 m, erreichen. Dann wandern wir durch Wald – hoch über dem Stausee Lago di Vogorno – leicht ansteigend zu den Hütten von Bolla, 662 m, die reizvoll auf einer Lichtung stehen. Nun eben weiter durch Kastanienwald zur verfallenden Alpsiedlung **Monti di Gresina**, 662 m. Über einen Tobel (kurzer Abstieg) und nach einem weiteren leichten Anstieg erreichen wir die Lichtung Redond, dann weiter in Kehren hinauf durch Wald zur Lichtung **Bedeglia**, mit 900 m der höchste Punkt der Tour. Kurz darauf geht es allmählich abwärts. Durch einen Kastanienwald und kleine Rebhänge errreichen wir ein enges Sträßchen. Diesem folgen wir entlang von Trockensteinmauern in den Ortsteil Benitti, oberhalb von Mergoscia. Von dort erreichen wir links über einen Treppenweg, der direkt hinab zur Kirche führt, den reizvoll an einem Hang klebenden Ort **Mergoscia**, 731 m.

21 Von Sonogno nach Brione

2.30 Std.

Reizvolle Talwanderung im oberen Verzascatal

Der obere Abschnitt des »Sentierone Val Verzasca« (siehe auch Tour 20) beginnt am Talschluss des Verzascatals, dort wo die beiden Quellflüsse aus den ursprünglichen Tälern Val Redorta und Val Vegornès zusammenfließen. Das bereits im Jahre 1410 erwähnte Dorf Sonogno, das von mächtigen Berggipfeln eingerahmt wird und einen nahezu unverfälschten Eindruck Tessiner Lebenswelt vermittelt, ist alleine schon einen Ausflug wert.

Talort/Ausgangspunkt: Sonogno, 918 m; letztes Dorf am Ende des Verzascatals. Gebührenpflichtiger Parkplatz am Dorfeingang; Anfahrt besser mit PTT-Bus von Locarno.
Höhenunterschied: 178 Hm im Abstieg.

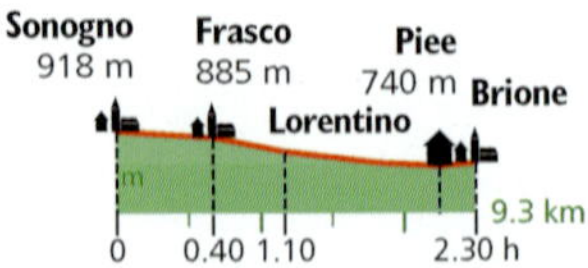

Das Bachtal der Verzasca.

Anforderungen: Leicht begehbare Wanderwege und -pfade. Ideal auch mit Kindern.
Einkehr: Grotto Redorta und Ristorante Alpino in Sonogno, Ristorante-Pensione Froda und Grotto Sasello in Gerra, Ristorante ai Piee kurz hinter Brione (direkt an der Straße am Wegende).
Sehenswertes: Der reizvolle Ort Sonogno mit den alten Rustici, der Casa Genardini mit dem Verzascatal-Museum (geöffnet 1. Mai bis 31. Oktober täglich von 13– 17 Uhr) sowie der Kirche Santa Maria di Loreto. Am Anfahrtsweg die mittelalterliche Brücke Ponte dei Salti in Lavertezzo.

Wir beginnen unsere Tour am Kirchplatz von **Sonogno**, 918 m, und wandern auf Sträßchen in südwestlicher Richtung zum Sportplatz am großen Bach, der aus dem Val Redorta herabfließt, queren diesen auf der Stahlbrücke und wenden uns dann nach links. Auf Steig kurz höher, dann durch Wald, etwas oberhalb der Talsohle, den Bach entlang, bis dieser in die Verzasca mündet. Vorbei an einigen Steinhütten dem teils aufgefächerten Fluss folgend talwärts bis **Frasco**, 885 m, das wir jedoch nicht direkt berühren (jedoch mittels einer Stahlhängebrücke erreichen können), und weiter den Fluss entlang, bis wir auf die Talstraße stoßen. Wir überqueren die Straßenbrücke und setzen die Tour an deren Ende auf der anderen Flussseite fort. Rechts auf Pfad weiter durch Auwald bis zum aufgelassenen Weiler Cordasc (wo wir noch

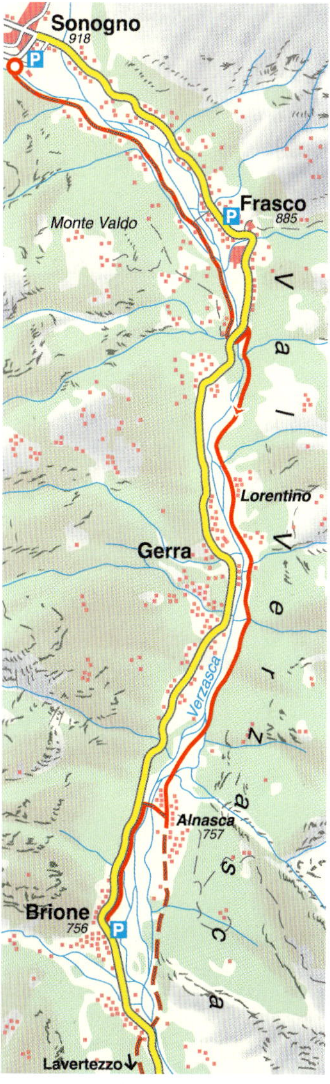

einen alten Backofen betrachten können). Wir folgen dann einem Saumweg nahe am Fluss bis zum Dorf Lorentino und erreichen bald den auf der anderen Seite der Verzasca liegenden lang gezogenen Ort **Gerra**, der ebenfalls über eine Stahlbrücke zugänglich ist. Wir queren ein paar Seitenbäche und überschreiten dort, wo das Val Mött einmündet, den Wildbach auf einer modernen Hängebrücke, wobei wir einen reizvollen Blick auf den etwas oberhalb herabstürzenden Wasserfall genießen können. Weiter am Bergfuß entlang. Bald überqueren wir wieder einige Seitenbäche, steigen bei einer Engstelle ein Stück an und erreichen kurz darauf den Wiesengrund, auf dem sich der Weiler **Alnasca**, 757 m, erstreckt (hier haben wir bereits die Möglichkeit, hinüber nach Brione zu wechseln). Das Schlussstück bis zum Weiler Piee ist nochmal interessant: Nachdem wir Alnasca durchschritten haben, wandern wir über die weiten freien Wiesen bis zu deren Ende an einem steilen Hang, dann folgen wir dem Pfad am Steilufer entlang abwärts bis zur Stahlbrücke über den Fluss. Wir queren auf die andere Seite und haben damit das Endziel unserer Wanderung bei **Brione** erreicht, wo uns auch eine reizvolle Einkehrmöglichkeit erwartet. – Falls wir dem Talweg weiter bis Lavertezzo folgen wollen, dürfen wir diese Brücke jedoch nicht queren. Erst einen knappen Kilometer unterhalb wechselt der Pfad (über eine Straßenbrücke) auf die rechte Seite und behält diese bis Lavertezzo bei.

22 Von Frasco auf die Alpe dell'Efra

6.45 Std.

Zu einer aussichtsreich gelegenen Berghütte

Die Berge rund um das wilde Verzascatal sind mit Berghütten nicht gerade reich gesegnet. Doch im hinteren Talbereich, oberhalb von Frasco, hat die Società Escursionistica Verzaschese eine ehemalige Alphütte auf der Cima di Corte zu einer landestypischen und gut ausgestatteten Selbstversorgerhütte umgebaut. Am langen Weg dorthin durchstreifen wir das reizvolle Val d'Efra und begegnen zahlreichen Wasserfällen. Den Schlusspunkt setzt der kleine dunkelblaue Lago d'Efra sowie eine herrliche Aussicht.

Talort/Ausgangspunkt: Frasco, 885 m; kleiner Ort im oberen Verzascatal mit Kirche und Birreria. Parkplätze bei der Kirche; besser Anfahrt mit PTT-Bus von Locarno (28 km).
Höhenunterschied: 1154 Hm.
Anforderungen: Zu Beginn leichter Wanderweg, dann Bergsteig, zum Teil recht steil. Trittsicherheit Voraussetzung.

Einkehr: Capanna d'Efra, 2039 m (gut ausgestattete Selbstversorgerhütte auf der Cima di Corte mit 25 Schlafplätzen, von Juni bis Ende September offen), Getränke gegen Gebühr an der Hüttenkasse erhältlich.
Sehenswertes: Der reizvolle kleine Ort Frasco. In der Nähe eine 15 Meter tiefe Schlucht mit Wasserfall. Die Alpe dell'Efra ist heute nur noch Schafweide.

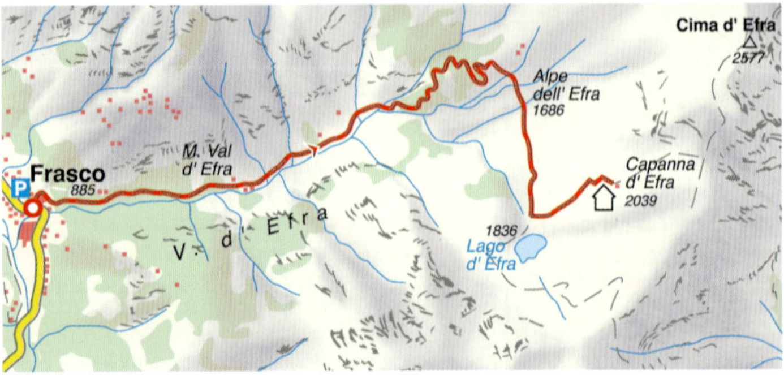

Vom Parkplatz an der Kirche in **Frasco** direkt zum Bergfuß und auf Pfad (Wegweiser) hinauf zur Fahrstraße; dieser folgen wir rechts durch den oberen Ortsteil bis zu ihrem Ende. Dort beginnt unser Steig, der zuerst gestuft steil durch Laubwald bergan führt, sich jedoch bald zurücklegt. Nun eben bzw. leicht ansteigend das steil eingeschnittene Bachtal hinein. An einigen ehemaligen Alphütten vorbei bis zum Talschluss, wo mehrere Bäche zusam-

Riesige Felsblöcke säumen den oberen Teil des Anstiegsweges zur Capanne d'Efra.

menfließen. Nach Überqueren des ersten Baches steigen wir links, dann rechts hoch. Zwischen großen Felsblöcken führt unser Weg bald in zahlreichen Serpentinen durch Birken- und Lärchenwald hoch zu den ersten Hütten der **Alpe dell'Efra**, 1686 m (Wasserstelle).

Nun eben in leichtem Rechtsbogen durch überwiegend freies Gelände an die letzte zu bewältigende Geländestufe heran. Dort steil hinauf zum kleinen **Efra-See**. Links vorbei (kleine Jagdhütte) und dem ausgeschilderten Pfad weiter folgend durch Matten und Blockwerk das felsdurchsetzte Gelände hinauf zur schön gelegenen **Capanna d'Efra**. Wer will, kann von dort in 1.30 Std. die Cima d'Efra, 2577 m, besteigen. Der Abstieg ins Verzascatal erfolgt auf dem Anstiegsweg.

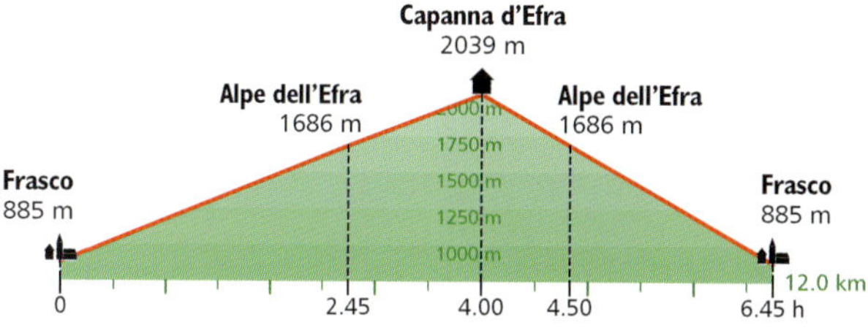

23 Von Sonogno zum Lago Barone

8.45 Std.

Abwechslungsreiche Abstecher ins Quellgebiet der grünen Verzasca

Die reizvolle Wanderung durch das lang gezogene Trogtal Val Vegornèss hinauf zum türkisfarbenen Lago Barone bietet alle Voraussetzungen für ein rundes Bergerlebnis: einen attraktiven Ausgangsort, die Granitgumpen der jungen Verzasca (mit Möglichkeit zur Abfrischung), eine Unterkunftsmöglichkeit am Weg und einen zwar eiskalten, aber markanten Bergsee als Kontrapunkt zur baren Felswüste rund um den Pizzo Barone.

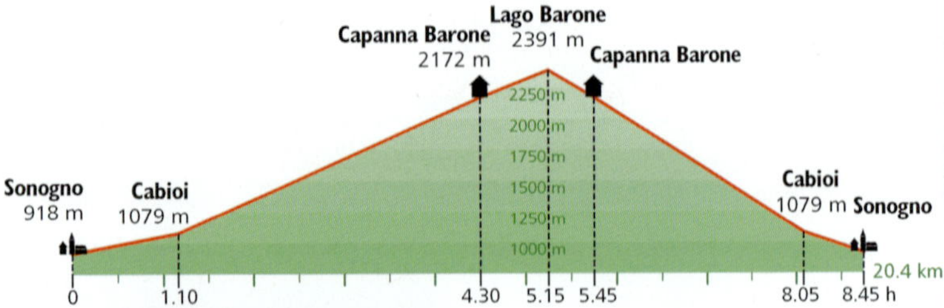

Talort/Ausgangspunkt: Sonogno, 918 m; letztes Dorf im oberen Verzascatal mit reizvoller Kirche und rustikalem Ortsbild. Gebührenpflichtiger Parkplatz am Ortseingang; besser Anfahrt mit PTT-Bus von Locarno.

Höhenunterschied: 1473 Hm.

Anforderungen: Von Sonogno bis Cabioi Almfahrweg, dann Bergwanderwege und Bergpfade.

Einkehr: Ristorante Alpino in Sonogno (Übernachtung), Cap. Barone, 2172 m (von Juni bis Ende Oktober offene Selbstversorgerhütte mit 35 Schlafplätzen; Hüttenwart: L. Tenconi, Vogorno; Tel. +41 91 7452887).

Im Jahre 1975 wurde eine alte Alpkäserei in eine alpine Unterkunft verwandelt. Im Jahre 1999 kam ein neuer Steinbau hinzu, der nun die Gesamtanlage der Capanna Barone repräsentiert.

Von **Sonogno** nehmen wir zuerst die schmale Fahrstraße ins Val Vegornèss, die am nordöstlichen Parkplatzrand beginnt. Wir bleiben auf der linken Seite der Verzasca, queren diese dann hinter dem Weiler **Secada**, 992 m, und setzen auf dem nur mäßig ansteigenden Wirtschaftssträßchen unseren Weg fort. Vorbei am nächsten Maiensäß Vald gelangen wir nach **Cabioi**, 1079 m, einer reizvollen Rustico-Siedlung mit Kapelle, wo die Straße endet. Unsere Route biegt hier nach Westen ab. Wir überqueren den Bach und wandern auf der orographisch rechten Seite auf gut ausgebautem Weg das nun ausgeprägte Trogtal hinauf. Rechts oberhalb sehen wir den Passo di Piatto, der durch einen neu ausgebauten Steig einen interessanten Übergang ins Val Chironico ermöglicht. Nach Überwindung einiger Kehren erreichen wir dann die **Alpe Corte di Fondo**, 1487 m, im Talhintergrund. Der Weg verläuft nun rechts hal-

Sonogno ist Endstation für Pkw und Bus im hinteren Verzascatal.

tend über die Alphütten von Corte della Pianca. Im weiteren Verlauf überwindet dieser mit einem steilen Alpweg die rechte Talflanke in zahlreichen Serpentinen hinauf zur Alpe Piodoo (1950 m) auf einer kleinen Terrasse. Zuerst rechts, dann links haltend hinauf zur **Capanna Barone**, 2172 m, einer ehemaligen, kürzlich erweiterten Alphütte, die nun zusätzliche Übernachtungsmöglichkeiten bietet. Von hier ist es noch eine gute halbe Stunde zum **Lago Barone**, 2391 m. Der weiß-rot markierte Pfad führt über die Fels- und Trümmerlandschaft in zahlreichen Kehren 200 Höhenmeter hinauf zum Bergsee, der in ein steilwandiges Kar eingebettet ist.

Das Verzascatal lockt auch Pilzsammler an – mit gutem Erfolg, wie man sieht.

6.30 Std.

Brissago – Alpe di Naccio – Ronco sopra Ascona

24

Aussichtsreiche Wanderung über dem Lago Maggiore

Rauchern ist Brissago, unser Ausgangsort, vermutlich ein Begriff, denn dort werden die berühmten Virginias hergestellt. Doch für die, die mehr die klare Luft, das Licht und herbstliche Farben schätzen, ist die Wanderung hinauf zu den Höhen über Brissago und Ronco sopra Ascona das wahre Erlebnis. Hoch über dem tiefsten Punkt der Schweiz, mit umfassendem Panoramablick auf den Lago Maggiore auf der einen und auf das Centovalli auf der anderen, gibt dort oben das Tessin eine Kurzfassung seiner landschaftlichen Reize.

Talort: Brissago, 215 m; siehe Seite 22.
Ausgangspunkt: Ortsanfang bzw. Schiffsanlegestelle von Brissago. Zufahrt bis zur Alpe Nova auf 950 m Höhe möglich (allerdings nur sinnvoll, wenn keine Rundtour geplant ist). Parkplätze im Ort (Gebühr).
Höhenunterschied: 1180 Hm.
Anforderungen: Leichte, aber zum Teil steile Wanderung auf Fahrsträßchen und Saumwegen, die jedoch z.T. der Sonne ausgesetzt sind.
Einkehr: Grotto da Peo in Parcassone sowie Grotto dei Mött auf den Monti di Ronco (nicht direkt am Weg). Trattoria Kademasa in Porta. Gasthäuser in Ronco und Brissago.
Sehenswertes: Auf der Kammschneide bei der Alpe di Naccio genießen wir links den Blick in die Centovalli und rechts hinab auf den Lago Maggiore.

Ronco sopra Ascona – das ehemalige Künstlerdorf liegt aussichtsreich über dem Lago Maggiore.

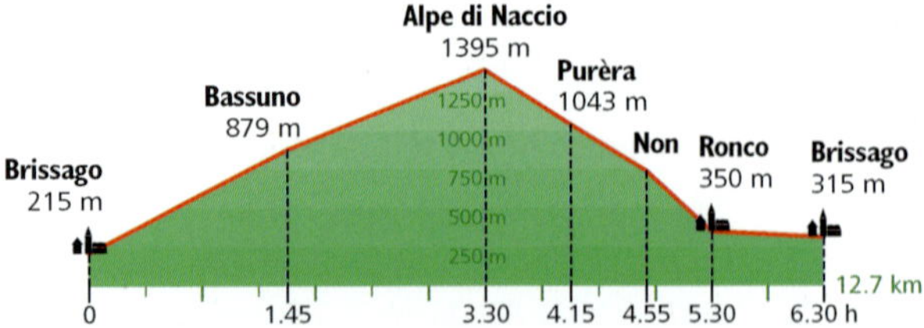

Von der **Schiffsanlegestelle** gehen wir zuerst hinauf zur Kantonalstraße und zum östlichen Ortsende. Dort, gegenüber dem Parkplatz an der Ecke Via Crodolo, beginnt der Treppenweg hinauf nach Porta, der die kurvenreiche Fahrstraße ein paarmal berührt. In **Porta** auf der Straße 200 Meter rechts durch den Ort bis zur Abzweigung Co' di Porta, 390 m; dann links hinauf und bald rechts weiter auf dem Treppenweg zum Weiler Gàdero, 433 m. Bei der Kurve am oberen Ortsrand zweigt der Weg links ab und führt uns dann durch Wald in weiten Serpentinen – wobei wir die Fahrstraße einmal kreuzen – hinauf zum Maiensäß **Corte**, 709 m. Oberhalb der Hütten bald rechts auf dem

Der Schwemmkegel der Maggia schiebt sich unaufhaltsam in den See. Vorne Ascona.

Saumweg weiter, der in das bewaldete Val Cornuro führt, dann bei einer Lichtung links und in Kehren zur Siedlung Bassuno, 879 m. Weiter auf Alpstraße, vorbei an zahlreichen Hütten, hinauf zur Alba Nova, wo die Alpstraße endet. Auf Pfad gelangen wir dann über Alpmatten zu den obersten Hütten von **Beredo**, 1043 m. Dort halten wir uns rechts und steigen die freien Hänge zuerst in zahlreichen Serpentinen, dann in langer Querung hinauf zur **Alpe di Naccio**, 1395 m, die sich auf dem Kamm befindet, der sich vom Pizzo Leone nach Osten zieht. Auf der Kammhöhe wandern wir dann aussichtsreich Richtung Osten (linker Hand die bewaldeten Hänge ins Centovalli hinab, rechter Hand freier Blick auf den See) bis kurz vor die **Alpe Casone**. In einer Mulde zweigt rechts unser Weg Richtung Ronco ab. Ein kurzes Stück durch Wald, dann weiter über den freien Hang bergab, bis der Weg wieder in Richtung Osten abbiegt. Leicht fallend über Alpmatten, vorbei an der kleinen Kapelle Beata Vergine di Pozzuolo, und durch lichten Wald und Buschwerk bis zur Wegverzweigung kurz vor den ersten Häusern von Purèra. Dort wandern wir rechts auf steilem Bergpfad hinab Richtung Ronco, wobei wir einmal die Fahrstraße zu den Monti berühren. Im weiteren Verlauf gelangen wir dann durch Wald zum Weiler Non, 743 m, mit Kapelle und einigen Häusern. Geradeaus weiter steil hinab auf Pfad durch Wald, vorbei an zwei Wegkapellen, bis uns zuletzt ein Treppensteig in den Ort **Ronco sopra Ascona** bringt. Dort, wo wir auf die schmale Straße nach Porta/Brisssago stoßen, rechts weiter und auf dieser leicht aufwärts, dann eben hinüber nach **Porta**. Auf dem Anstiegsweg hinab nach **Brissago**. – Falls wir nicht zum Auto zurück müssen, empfiehlt sich eine ruhigere Variante: Wir überqueren die Via Barcone und steigen direkt auf der »Salita Novella« durch die verwinkelten Gassen links bzw. rechts bis zur Kirche von Ronco hinab. Dort folgen wir rechts der schmalen Via Antonio Ceseri, vorbei am Ristorante della Posta, bis wir zu einer Wegverzweigung gelangen. Dort links weiter Richtung Brissago auf dem »Sentiero della Grusna«. Bald bietet sich ein bemerkenswerter Rückblick auf den reizvoll an den Hang hingelagerten Ort Ronco mit seiner markanten Kirche. Nun eben weiter auf gut ausgebautem Weg bis zur Fontana di Crodolo, dann links hinab durch Wald zur Kantonalstraße am Lago di Maggiore, wo uns eine Bushaltestelle erwartet.

25 Von Verdasio über Rasa nach Intragna

4.10 Std.

Schöne Höhenwanderung über die Hochterrassen des Centovalli

Mehr als 150 Seitenbäche und die tief eingeschnittene Melezza haben die Centovalli geformt. Früher ein einsames, armes Tal, das regelrechte Auswanderungswellen verkraften musste, steht es heute für ein unverfälschtes Tessin. Die im ersten Drittel dieses Jahrhunderts erbaute Schmalspurbahn, die das »Tal der hundert Täler« erschließt, ist auch heute noch eine große touristische Attraktion. 80 Brücken und 24 Tunnels versprechen zu Recht eine erlebnisreiche Reise. Unser Ausgangsort Rasa ist jedoch selbst heute nur über eine Luftseilbahn erreichbar. Ein aufregender Auftakt für eine beschauliche Wanderung hoch über den »hundert Tälern«. Bevor wir die Wanderung ins Tal antreten, sollten wir die Runde über die ursprünglichen Bergdörfer auf der Aussichtsterrasse von Rasa und Bordei nicht versäumen.

Talort: Intragna, 339 m; siehe Seite 23.
Ausgangspunkt: Talstation der Gondelbahn (Auffahrt ab 9 Uhr alle 20 Min.; Billetautomat) nach Rasa kurz vor Verdasio, direkt an der Verbindungsstraße. Anfahrt am besten mit der Centovalli-Bahn von Locarno. Anfahrt mit dem Auto über Ponte Brolla und Intragna Richtung Camedo. Einige kleine Parkplätze an der Straße bei der Seilbahn-Talstation.
Höhenunterschied: 1325 Hm im Abstieg und 425 Hm im Anstieg.
Anforderungen: Gut erhaltene, markierte Saum- und Bergwege.
Einkehr: Ristorante in Rasa sowie Osteria Bordei (auch Unterkunft; Tel. +41 91 7930195), in Corte di Sotto, dann erst wieder in Intragna (z.B. Grotto du Rii an der Straße kurz vor Intragna).
Sehenswertes: Die reizvollen alten Dörfer Rasa und Bordei sowie die Römerbrücke über die Melezza kurz vor Intragna. Regionalmuseum in Intragna.

Die sogenannte Ponte Romana überquert kurz vor Erreichen der Talstraße die Melezza.

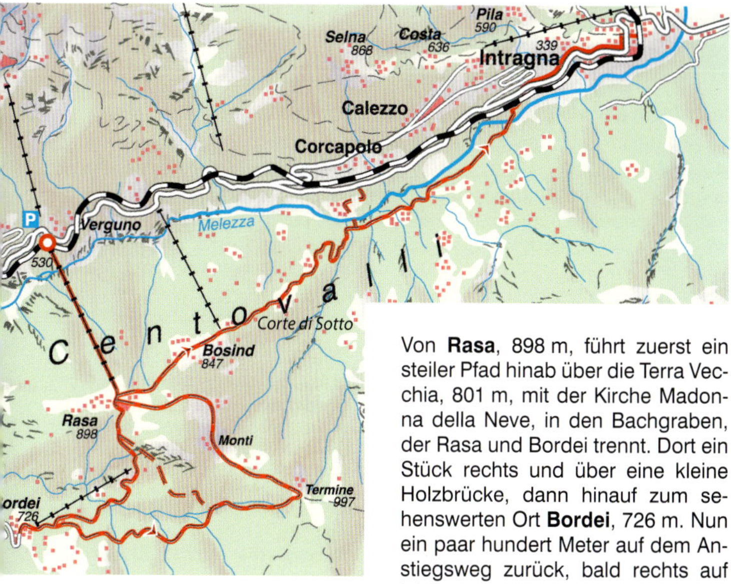

Von **Rasa**, 898 m, führt zuerst ein steiler Pfad hinab über die Terra Vecchia, 801 m, mit der Kirche Madonna della Neve, in den Bachgraben, der Rasa und Bordei trennt. Dort ein Stück rechts und über eine kleine Holzbrücke, dann hinauf zum sehenswerten Ort **Bordei**, 726 m. Nun ein paar hundert Meter auf dem Anstiegsweg zurück, bald rechts auf leicht ansteigendem Pfad den bewaldeten Berghang Richtung Osten, wobei wir ein paar Bachtäler queren und so nach Proggia, 807 m, gelangen. In gleicher Richtung hinauf zur Anhöhe **Termine**, 997 m, wo wir auf den Saumweg treffen, der uns links über den Weiler Monti wieder hinab nach Rasa bringt. Am Weg lockt eine Osteria mit Tessiner Gerichten. Von **Rasa** zuerst nahezu eben auf Saumweg in östlicher Richtung durch Wald zur Lichtung **Bosind**, 847 m, mit einigen Hütten. Dann weiter durch Wald, über Matten und vorbei an verstreut gelegenen Alphütten hinab nach Cadalom, 661 m. Von dieser Lichtung führt der Weg in steilen Serpentinen hinab ins Tal des Baches Ri di Vacariscc, den wir auf einer Brücke überqueren. Nahezu eben auf gutem Weg weit oberhalb der Melezza weiter, bis nach dem Weiler **Remagliasco** der Abstieg zur Melezza beginnt. Über einen steilen Weg hinab zur mittelalterlichen Steinbrücke **Ponte Romano**, dem tiefsten Punkt unserer Tour. Jenseits in Serpentinen durch Wald und über die Bahnlinie die andere Talseite hinauf zur Talstraße. Auf dieser rechts in 15 Minuten nach **Intragna** mit seinem eleganten Campanile und malerischen Gassen.

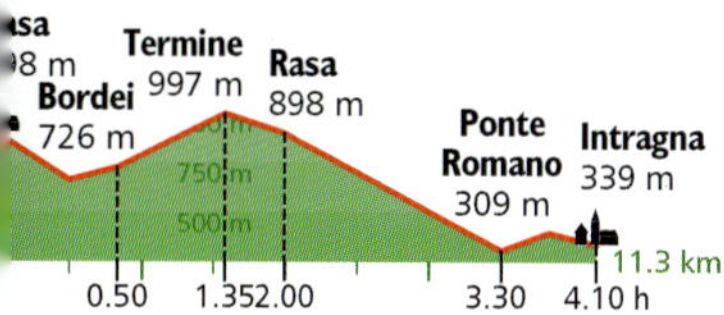

26 Von Loco nach Intragna

2.30 Std.

Auf einem alten Saumweg hoch über der Isornoschlucht

Diese relativ kurze Wanderung führt uns binnen weniger Stunden in die typische bäuerliche Tessiner Kultur mit ihren gepflasterten Saumwegen und den abgelegenen, aus Granitsteinen erbauten Weilern mit ihren schmucklosen Kirchen, Kapellen und Bildstöcken. Vor dem Bau der Fahrstraße war dieser Weg die einzige Verbindung zwischen den beiden Tälern. Im Ausgangsort Loco und am Endpunkt in Intragna können wir jeweils ein kleines volkskundliches Museum besichtigen, wo wir neben Trachten und Wohnformen auch Einblick in die überkommene Wirtschaftsweise der Tessiner erhalten. Die Einkehr in einem Grotto rundet den Ausflug dann noch kulinarisch ab.

Talort: Intragna, 339 m; siehe Seite 23.
Ausgangspunkt: Loco, 678 m; an einer steilen Hangterrasse gelegener Hauptort des Onsernonetals mit Pfarrkirche San Remigio aus dem 16. Jahrhundert. Früher ein bedeutendes Zentrum der Strohflechterei. Museo Onsernonese im Ort. Restaurant. Kleiner Parkplatz im Ort.
Der Wanderweg nach Intragna beginnt am Ortsende von Loco in Richtung Russo. Anfahrt von Locarno über Ponte Brolla und Cavigliano nach Loco; für diese Tour empfiehlt sich natürlich der Postbus von Locarno. Rückkehr von Intragna evtl. mit der Centovalli-Bahn.
Höhenunterschied: 523 Hm im Abstieg und etwa 200 Hm im Anstieg.
Anforderungen: Gut markierter, zum Teil gepflasterter Saumweg mit einigen steilen Passagen und Tiefblicken.
Einkehr: Unterwegs keine, jedoch am Ausgangspunkt in Loco bzw. in Intragna (mehrere Grotti und Restaurants). Hotels in Intragna.
Sehenswertes: Museo Onsernonese sowie die Pfarrkirche in Loco; der reizvolle Ort Intragna mit der Pfarrkirche San Gottardo, die mit ihrem Glockenturm (65 m) alle anderen Kirchen im Tessin überragt. Beeindruckend auch die 116 Meter lange Brücke über den tief eingeschnittenen Isorno.

Durch die am steilen Hang klebenden Häuser von Loco führt der Weg gleich zu Beginn hinab zur Isornoschlucht.

Von der Ortsmitte in **Loco** (sehenswert: das Museo Onsernonese) wandern wir zunächst auf der Straße talein bis zum Ortsende (WW nach Intragna). Dort links die Treppe hinab. Auf steilem Steig an reizvollen Trockensteinmauern entlang durch freies Gelände und durch Rebhänge hinab zum Weiler **Niva**, 490 m, der auf einer kleinen Terrasse liegt. Sehenswert ist die kleine Kirche, die dem heiligen Nepomuk geweiht ist. Dann weiter hinab durch Wald bis zur tief eingeschnittenen Schlucht des Isorno, die wir auf einer modernen Stahlbrücke überqueren (die alte Steinbrücke fiel leider einem Unwetter zum Opfer). Jenseits auf dem mit Steinplatten befestigten Saumweg durch Kastanienwald hinauf, dann talauswärts im Auf und Ab – vorbei an einigen Bildstöcken – und um einen Felsvorsprung herum. Wir treffen auf eine Wegverzweigung mit Kapelle. Dort halten wir uns links. Im weiteren Wegverlauf steigen wir nun stetig durch schönen Mischwald an, queren einige Bäche und treffen auf die verstreuten Weiler **Vosa di dentro**, Scherpia und **Vosa**, 576 m, die hoch über dem Isorno liegen. Nach einem weiteren Waldstück und leichtem Anstieg ist **Pila**, 590 m, erreicht. Hier bietet sich ein herrlicher Ausblick auf das Pedemonte und unser Ziel, Intragna, mit seiner auffälligen Eisenbahnbrücke. Von hier geht es auf gesichertem Saumweg an den Kreuzwegstationen entlang in Kehren steil hinunter nach **Intragna**, 339 m, wo wir mit der Centovalli-Bahn die Rückfahrt antreten.

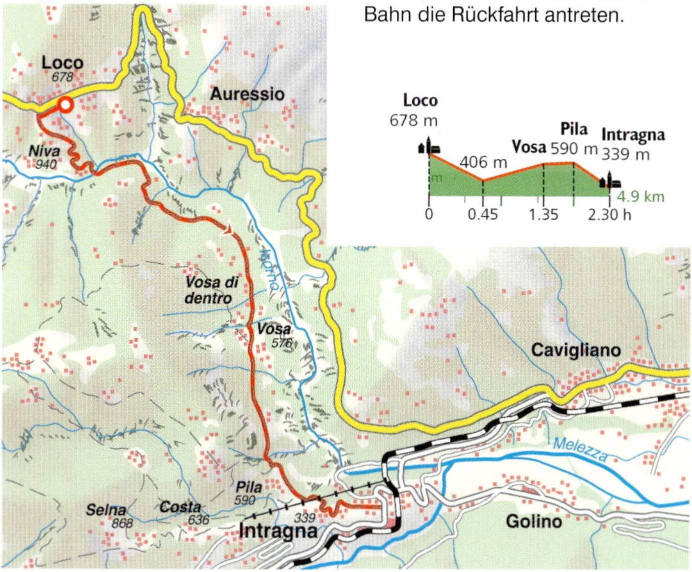

27 Monte di Comino, 1138 m

3.30 Std.

Auf der Sonnenseite des Centovalli

Der Monte di Comino ist seit ein paar Jahren durch eine eigene Gondelbahn erschlossen, die vor allem von Besitzern der Ferienhäuschen auf dieser aussichtsreichen früheren Alpsiedlung genutzt wird. Gleich neben der Bergstation liegt ein romantisches Grotto, das alleine schon wegen seiner Lage einen Besuch wert ist – vor allem im Herbst bei klarer Luft und guter Sicht.

Talort: Verdasio, 711 m; im oberen Centovallital, 150 Meter oberhalb der Talstraße gelegener Ort mit schönem, geschlossenem Ortsbild. Anfahrt von Locarno mit der Centovalli-Bahn bzw. mit PTT-Bus.
Ausgangspunkte: Ortsmitte von Verdasio bzw. die Talstation der Gondelbahn an der Talstraße kurz vor der Abzweigung der Zufahrtsstraße nach Verdasio. Parkplatz jeweils am Ortseingang von Verdasio bzw. mehrere kleine Parkplätze entlang der Talstraße im Bereich der Talstation der Gondelbahn.
Höhenunterschied: 530 Hm im Anstieg, 900 Hm im Abstieg.
Anforderungen: Wanderwege bzw. Saumwege (gelb mark.), Trittsicherheit notwendig. Gut ausgeschildert.
Einkehr: Alla Capanna, 1200 m (Berggasthaus 3 Min. von der Bergstation, ganzjährig bew., Zimmer und Lager; Tel. +41 91 7981804). Grotto al Riposo Romantico, 1135 m (Mittwoch Ruhetag, Matratzenlager; Tel. +41 91 7981130).
Sehenswertes: Wallfahrtskapelle Madonna della Segna auf dem Monte di Comino.

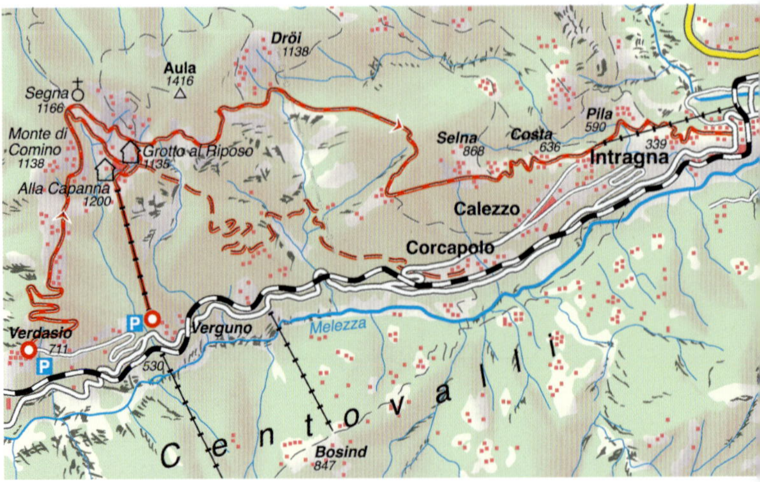

Die Alphütten des Monte di Comino sind bequem mit der Gondelbahn erreichbar.

Der Anstieg von Verdasio: Falls die Gondelbahn nicht in Betrieb ist oder wir ganz einfach nur ohne technische Hilfe wandern wollen, starten wir die Tour an der Pfarrkirche von Verdasio, gehen durch die engen, dunklen Gassen in nordöstlicher Richtung (WW »Madonna della Segna«) und steigen zuerst auf Treppenweg, dann auf gutem Wanderweg in weiten Kehren steil durch Wald hinauf zu den ersten Alphütten auf 1050 Meter Höhe. Von nun an verläuft der Pfad weniger steil über die teils freien Alphänge, vorbei an verstreuten Hütten, bis wir nach 1½ Std. Gehzeit ein Hauptziel unserer Wanderung, die Wallfahrtskirche **Madonna della Segna** erreicht haben.

Falls wir mit der Gondelbahn auf den **Monte di Comino** gelangen, wandern wir auf dem ausgeschilderten Wiesenweg zuerst hinauf zur Wallfahrtskirche und starten von dort die Höhenwanderung nach Intragna. (Bei der Bergstation beginnt ebenfalls ein Steig hinab über Slögna nach Corcapolo; Teil des alten »Sentiero del Mercato«.) Unser Wanderweg quert rechts haltend die Alphänge der Pian Segna in Richtung Osten und führt dann durch die schroffen Südhänge der Aula bis zu einer Wegverzweigung – hier rechts hinab zu den Hütten von **Dröi**, 1138 m. Der weitere Weg verläuft über einen bewaldeten Kamm, entlang einiger Kreuzwegstationen, bis zu den Alpweiden von **Selna**, 868 m. Von dort führt ein Almfahrweg in steilen Kehren hinab nach **Costa**, 636 m, das durch eine Gondelbahn (Automatikbetrieb) mit Intragna verbunden ist. Mit dieser können wir dann bequem hinunterschweben. Von Costa leitet auch ein gut ausgebauter Saumweg über **Pila** hinab nach **Intragna**.

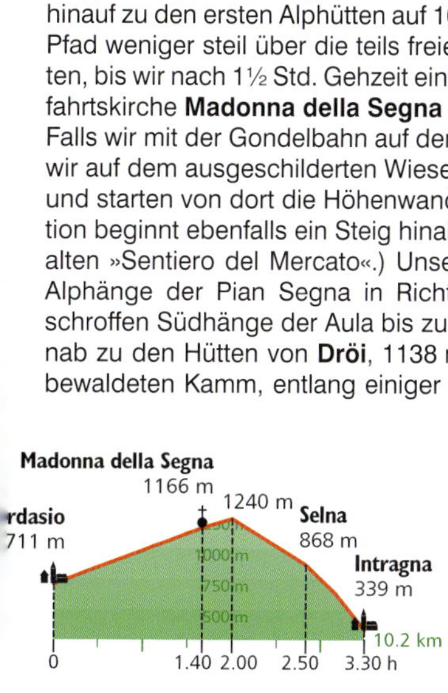

TOP **28**

Pilone, 2191 m

5.00 Std.

Auf einen aussichtsreichen Grenzgipfel

Der Pilone gilt zwar als einsamer Grenzgipfel nach Italien, so einsam ist er jedoch auch wieder nicht. Immerhin führt aus dem Vergelettotal eine Seilbahn hinauf zur Alpe Saléi. Und die verkürzt den Anstieg doch erheblich. Auch befindet sich auf dieser Alpe eine im Sommer bewirtschaftete Hütte (außerhalb der Saison ist sie für Selbstversorger offen). Besonders für Kinder bietet sich diese Variante mit der Seilbahn an. Denn von dort ist es dann nur eine Stunde Gehzeit auf schönem, im Sommer mit Alprosen gesäumten Weg zum Lago di Salei mit herrlicher Aussicht bis hinaus nach Ascona. Wir ziehen jedoch den Anstieg aus dem Onsernonetal vor. Am Ende der Tour machen wir zum Ausgleich noch einen kleinen Rundgang durch Comologno mit seinen reizvollen kleinen Palazzi und der Pfarrkirche S. Giovanni Battista.

Talort: Comologno, 1085 m; oberste Gemeinde des Onsernonetals. Anfahrt von Locarno über Ponte Brolla und Loco bis zum Straßenende in Spruga (28 km).
Ausgangspunkt: Ortsende von Spruga, 1113 m, bei der Wendeschleife der PTT-Busse. Von Zott im Vergelettotal führt seit kurzem eine Gondelbahn zur Saléi Vecchi. Parkplatz im Dorf am Ende der Straße; besser Anfahrt mit Bus.
Höhenunterschied: 1078 Hm; von Saléi vecchi nur 420 Hm.
Anforderungen: Leichte Wanderung auf alten Almwegen bis zum Passo del Busan; von dort auf den Gipfel auf schmalem Pfad. Trittsicherheit erforderlich!
Einkehr: Capanna Saléi, 1783 m, auf der Alpe Saléi (20 Plätze, von Ostern bis Juni an Wochenenden, danach täglich bis Oktober bewirtschaftet; Tel. +41 91 7972032). In Spruga Ostello al Capelan (Unterkunft für Gruppen, 24 Lager; Tel. +41 79 3578900) sowie Ristorante/Bar Onsermonese.
Sehenswertes: Der Ort Comologno mit einigen reizvollen Palazzi und der Pfarrkirche S. Giovanni Battista.

Spruga im Onsernonetal ist Ausgangspunkt unserer Wanderung.

Wir beginnen unsere Wanderung gegenüber der Bushaltestelle am Ortsende von **Spruga** und steigen auf gepflastertem Weg zwischen den Häusern im Zickzack (verblasste rot-weiß-Mark.) hinauf zu den oberen frei stehenden Häusern. Am Brunnen halten wir uns rechts und auf schmalerem Weg weiter. Bei der nächsten Wegverzweigung wieder rechts (WW) bis zu einem Haus. Dort halten wir uns links, beim gelben Wegweiser dann wieder rechts und durch schattigen Laubwald hinauf zu einem aufgelassenen Almgelände auf der **Cima al Corte**. Zu Beginn der Siedlung steuern wir auf die verfallenden Gebäude zu und steigen dann links haltend zu den oberen, bereits sichtbaren Hütten an. Dort links weiter zu einer weiteren Almsiedlung auf der **Pian secco**, 1438 m. Am Brunnen folgen wir rechts dem WW »Alpe Saléi« bis zu einer weiteren Wegverzweigung (links führt der Weg zur Alpe Pesced, den wir benützen können, falls wir direkt zum Pilone ansteigen wollen; unser Rückweg mündet hier ebenfalls wieder ein), dort durch Nadelwald auf gu-

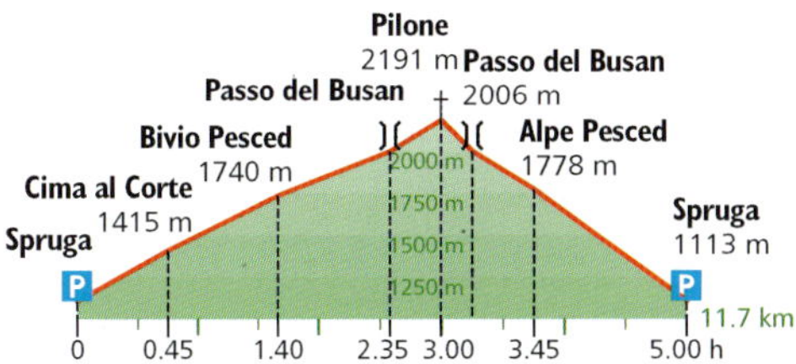

Bei der Alpe Pesced lässt sich nochmals aussichtsreich Rast machen, bevor man hinabsteigt nach Spruga.

tem Weg ansteigend über den Bivio Pesced, 1740 m, und den Bivio Saléi zum oberen Ende des Val Lavadino. Wir steigen kurz ab zum Bach, dann auf der anderen Seite rechts hinauf zur **Alpe Saléi**, wo uns ein herrlicher Blick über das Vergelettotal erwartet. Um auf den Pilone zu gelangen, folgen wir beim Bivio Saléi dem Weg, der geradeaus höher führt bzw. wandern über die Almwiesen der Alpe Saléi in nordwestlicher Richtung bergwärts (WW »Alpe di Porcaresc«), wo wir wieder auf den vom Tal heraufführenden Weg stoßen. Dort bieten sich zwei Möglichkeiten: Entweder wandern wir über den Lago dei Saléi auf Bergweg unterhalb des Kammes bzw. überschreiten diesen und gelangen so zum **Passo del Busan**, 2006 m. Dort beginnt der eigentliche Gipfelpfad, der uns in einer halben Stunde Gehzeit zum **Pilone** bringt. Beim Abstieg halten wir dann wieder auf den Passo del Busan zu und steigen dort rechts über die freien Hänge zur **Alpe Pesced**, 1778 m, ab. Neben einigen Alphütten gibt es auch einen Brunnen zur Erfrischung. Um nach **Spruga** zu gelangen, steigen wir über die steilen Alpwiesen und durch lichten Wald weiter ab, bis wir wieder auf unseren Anstiegsweg treffen.

8.30 Std.

Lago und Capanna d'Alzasca, 1734 m

29 TOP

Eine ehemalige Alphütte und ein lieblicher See

Im Vergelettotal, einem Seitental des Onsernonetals, wurde bis zum Ende des 19. Jahrhunderts und noch einige Zeit danach Strohflechterei betrieben. Die auffälligen hölzernen Laubengänge an den Häusern dienten damals zum Trocknen des Strohs. Über einen abwechslungsreichen Weg und einen Pass erschließen wir uns ein Wandergebiet, das neben einem glasklaren Bergsee, dem Lago d'Alzasca, auch eine reizvolle Selbstversorgerhütte bietet.

Talort: Vergeletto, 905 m; kleiner Ort am Eingang des Vergelettotals mit der Pfarrkirche Santa Maria aus dem 17. Jh.; Albergo und Restaurant. Anfahrt über Locarno, Ponte Brolla und das Onsernonetal.
Ausgangspunkt: Westliches Ortsende von Vergeletto. Kleiner Parkplatz am Ausgangspunkt. Besser Anfahrt mit Bus, da nur beschränkte Parkmöglichkeiten.
Höhenunterschied: 1475 Hm.
Anforderungen: Anspruchsvoller Wanderweg, der den trittsicheren und schwindelfreien Bergwanderer erfordert. Die Strecke ist jedoch markiert. Wenngleich dieser Hüttenanstieg länger und anstrengender ist als der von Someo, so hat er doch den Vorteil der besseren Aussicht.
Einkehr: Capanna d'Alzasca, 1734 m (offene Selbstversorgerhütte, von Mitte Juni bis Mitte Oktober Getränke, von Anfang Juli bis Anfang September auch Halbpension erhältlich, 30 Schlafplätze; Tel. +41 91 7532515). In Vergeletto gibt es das Ostello Vergeletto (Unterkunft; Tel. +41 91 7571998).
Sehenswertes: Der reizvoll gelegene Lago d'Alzasca sowie das wilde Vergelettotal, das einen eigenen Besuch durchaus wert ist.
Hinweise: Vom Lago d'Alzasca führt ein Passübergang hinüber zum Lago di Sascòla, womit wir Tour 29 und Tour 32 zu einer Mehrtagestour verbinden können. Der Anstieg von Someo aus dem Maggiatal ist ebenfalls mit gut 4 Std. zu veranschlagen.

Der Lago d'Alzasca mit dem Pizzo d'Alzasca (links im Hintergrund).

Blick seitlich an der Capanna d'Alzasca vorbei zum neuen Erweiterungsbau.

Vom Parkplatz am westlichen Ortsende von **Vergeletto** zuerst auf der Fahrstraße talein, bis nach einem guten Kilometer rechts ein Fahrsträßchen Richtung Valle della Camana abzweigt. Diesem folgen wir in das scharf eingeschnittene Tal hinein. Oberhalb der Talstufe legt sich der Weg zurück und mündet in einen breiten Alpweg, dem wir nun immer entlang des Baches folgen. Wir erreichen die Hütten von Fümegn und Passo, 1338 m, wo das **Valle della Camana** Richtung Westen abbiegt und in das Val di Fümegn übergeht. Dort verzweigt sich der Weg. Wir verlassen den Talboden und steigen nun rechts auf einem steilen Steig in zahlreichen Serpentinen über eine Felsstufe bergan. Nach etwa einer halben Stunde biegt der Weg rechts ab und wir queren den steilen, bewachsenen Hang hinüber zur **Alpe di Doia**, 1737 m. Weiter in östlicher Richtung ansteigend über eine Bachmulde, dann

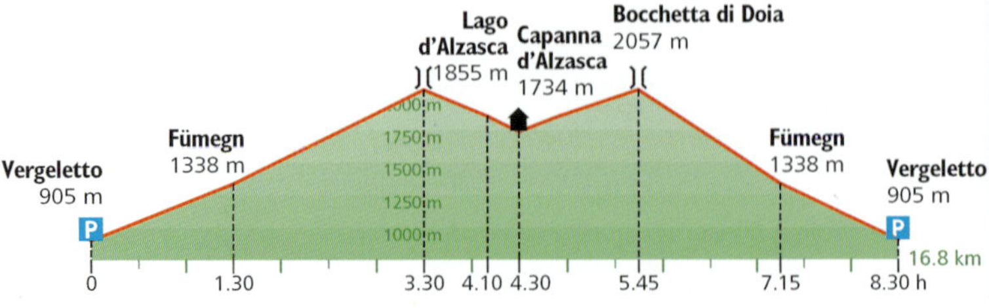

links hinauf in eine Karmulde, an deren Ende uns die **Bocchetta di Doia**, 2057 m, mit einem grandiosen Ausblick erwartet. Noch vor dem Durchlass mündet der Weg von Gresso ein. Links durch die Lü-

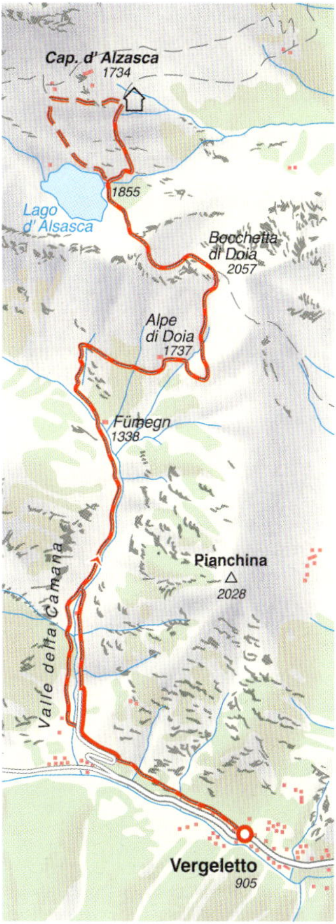

Vergeletto – letzter Ort im gleichnamigen Tal – besteht nur aus wenigen Häusern.

cke, dann auf der Nordseite links durch das nordseitige Kar hinab und weiter links haltend am oberen Rand einer weiteren Karmulde querend hinüber zu einer Kuppe. Jenseits dann hinab zum bereits sichtbaren **Lago d'Alzasca**, 1855 m, auf der gleichnamigen Alpe. An der Ostseite des Sees wandern wir ein Stück entlang, queren den Ausfluss des Soladinobaches, steigen dann rechts ein Stück hinab und queren links durch Lärchenwald hinüber zur kürzlich erweiterten **Capanna d'Alzasca**, 1734 m. Der Rückweg ist identisch.

30 Maggia – Aurigeno – Gordevio

3.15 Std.

Beschauliche Wanderung über Hängebrücken, durch alte Dörfer und durch Kastanienhaine

Das Maggiatal kann als das zentrale Tal des Tessins gelten. Trotz seiner Länge und seiner leichten Zugänglichkeit haben sich jedoch nur wenige größere Orte ausgebildet. Viele der Siedlungen haben zwar bereits eine lange Geschichte, aber in den vielen Jahren nur wenig Veränderung erfahren. Ein Rundgang selbst im Talbereich lässt uns heute noch das originale Tessin erleben, mit Kastanienhainen, alten, verwitterten Steinhäusern und Stadeln. Und so manche Rustici haben ihren Erhalt rührigen Städtern zu verdanken.

Talort/Ausgangspunkt: Ortszentrum von Maggia, 332 m (siehe Seite 24), bzw. Ortszufahrt in Höhe des Einkaufszentrums an der Hauptstraße. Parken in Maggia bzw. Parkplatz in Aurigeno, falls wir die Tour dort beginnen wollen.
Höhenunterschied: 100 Hm.
Anforderungen: Alte, z.T. gepflasterte Dorfverbindungswege, schmale Fahrstraßen und unbefestigte Wirtschaftswege. Es sind zwei schaukelnde Hängebrücken zu überqueren. Gutes Schuhwerk erforderlich. Ausschilderung »Sentiero« (gelb, mit Rauten).
Einkehr: Gasthäuser und Cafés in Maggia, Moghegno, Aurigeno und Gordevio. Baracca Backpacker in Aurigeno (1.4. bis 31.10; 13 Lager; Tel. +41 79 2071554).
Sehenswürdigkeiten: Alte Dorfkerne, z.B. in Moghegno, sowie alte Tessiner Steinhäuser und Stadel entlang des Wegs in Reblauben und Kastanienhainen.

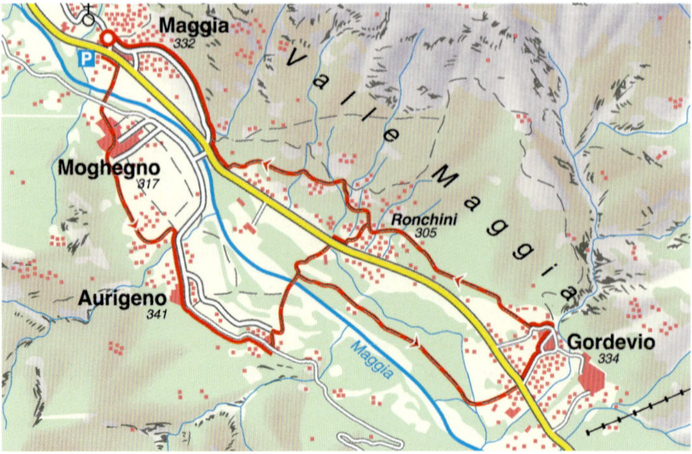

Aurigeno im Maggiatal; die Kirche liegt etwas außerhalb der Ortschaft.

In **Maggia** gehen wir bei der Bushaltestelle an der Hauptstraße durch die Straßenunterführung, dann links auf geteertem Weg in einem Halbbogen hinab zum Maggiafluss, wo wir auf eine Hängebrücke treffen. Über diese, dann links weiter und bald rechts zum Dorf **Moghegno**. Beim Ristorante in der Ortsmitte links um die Ecke, dann rechts der gelben Markierung folgend auf den Berghang zu. Dort beginnt ein z.T. gepflasterter, von Trockensteinmauern gesäumter Weg. Vorbei an Reblauben, Kastanienbäumen und alten Steinhäusern erreichen wir einen befestigten Bachlauf. Links am Bach entlang bis zu einem Brückerl, über dieses und dann weiter auf befestigtem Fahrweg. Im Rechtsbogen auf die Fahrstraße und über eine Brücke in den hübschen Ort **Aurigeno**, den wir bis zur Kirche am anderen Ende durchschreiten. Noch ein Stück weiter zum nächsten Ortsteil, dann links abwärts. Wir überqueren die Fahrstraße und gehen auf unbefestigtem Weg hinunter zum Fluss, wo wir auf eine weitere Hängebrücke treffen. Über diese und jenseits rechts auf dem breiten Weg weiter nach **Gordevio** und durch den Ort zu dessen nordöstlichem Ende (rechts vom Weg Ristorante Uno Pici). Dort beginnt der Verbindungsweg nach Maggia (gelbe Mark.). Auf diesem wandern wir durch Wald, oberhalb von Ronchini, vorbei an einigen kleinen Weilern (heute Ferienhäuschen), über eine kleine Brücke und entlang von Trockenmauern hinunter zur Talstraße. Ein kurzes Stück an dieser entlang, dann rechts bei der Kirche in die frühere Zufahrtsstraße und zur Ortsmitte von **Maggia**.

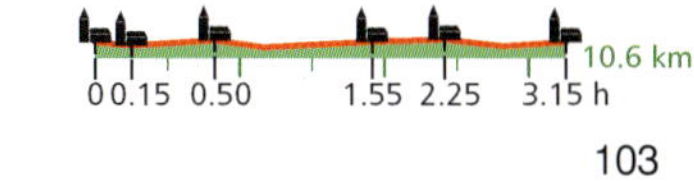

31 Ins Valle del Salto

5.00 Std.

Auf alten Maultierpfaden zu Tobeln und Wasserfällen

Diese reizvolle Halbtagestour in ein verstecktes Seitental oberhalb von Maggia bietet mehrere kleine Höhepunkte: Zum einen genießen wir bereits nach kurzem Anstieg einen freien Blick auf das untere Maggiatal, zum anderen wandern wir auf gut erhaltenen, alten Maultierwegen in ein scheinbar abgeschlossenes Hochtal mit reizvollen kleinen Weilern. Und wenn wir zur richtigen Jahreszeit kommen, können wir zur Halbzeit unserer Wanderung Erfrischung im klaren Gebirgswasser finden, denn am oberen Ende des Saltotals haben sich mehrere einladende Gumpen gebildet.

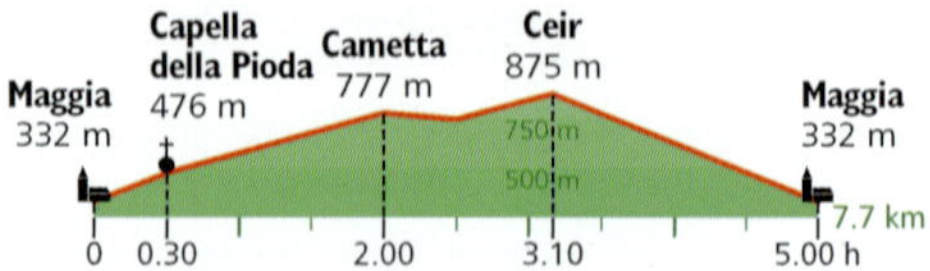

Talort: Maggia, 332 m; siehe Seite 24.
Ausgangspunkt: Ortsmitte von Maggia, beim Restaurant Poncini. Mehrere kleine Parkplätze im Ort bzw. am östlichen Ortsrand.
Höhenunterschied: 543 Hm.
Anforderungen: Gut angelegter, markierter Saumweg. Da einige ausgesetzte Stellen passiert werden, nur für Trittsichere. Überwiegend angenehm schattiger Weg.
Einkehr: Unterwegs keine. Bars und Locanda Poncini (Zimmer; Tel. +41 91 7531541) in Maggia.
Sehenswertes: Die Capella della Pioda oberhalb von Maggia. Die einladenden Gumpen am Wendepunkt des Weges, die im Sommer Erfrischung bieten.

Von der Ortsmitte wandern wir zuerst in nordöstlicher Richtung durch die schmalen Gassen von **Maggia**, wobei wir dem WW »Giro del Salto« folgen. Bei einer Straßenverzweigung halten wir uns rechts (Sentiero di montagna) und dann wieder links, bis wir die kleine Kirche im Ort rechts passieren. Nun links die kleine Straße hoch, dann Abzweigung

Die katholische Pfarrkirche San Maurizio in Maggia; sie ist die älteste im Maggiatal.

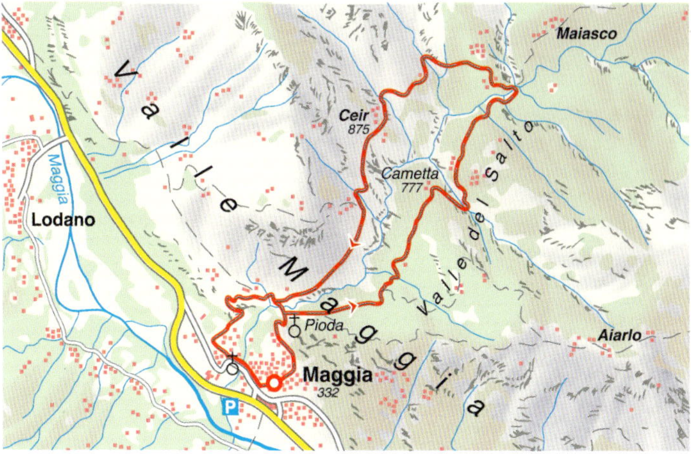

nach rechts. Auf steilem, von Trockenmauern gesäumten Treppenweg wandern wir nun durch Eichenwald hinauf zur reizvoll gelegenen **Capella della Pioda**, von der wir einen schönen Blick auf das Maggiatal haben (30 Min.). Nun vor der Kapelle rechts den gestuften Plattenweg hinauf und durch Kastanienwald zu einer kleinen Lichtung mit alten Steinhäusern. Weiter auf schönem Weg ansteigend zu einer Wegverzweigung (rechts führt ein Weg nach Brunescia). Wir folgen weiter der Ausschilderung »Giro«, passieren einige etwas ausgesetzte Stellen und erreichen bald die Lichtung **Cametta**, 777 m, mit zwei Häuschen und einem großen Bildstock. Rechts in einer Schleife hinab zu einem Bach, dann links steil und hoch über dem Tal ansteigend durch Wald, bis sich der Weg wieder abflacht und wir die ersten, hier noch unter uns liegenden Gumpen erblicken. Bald sind wir auf gleicher Höhe mit dem Bach und können diesen auf einer Betonbrücke bequem überqueren.
Für die Rückkehr steigen wir dann auf der rechten Talseite auf steilem Steig durch Wald empor, bis wir bald auf eine weitere Lichtung mit Alphütte stoßen. Nun immer weiter talaus – zuerst noch etwas ansteigend, dann in überwiegend freiem Gelände auf schmalen und z.T. ausgesetzten Pfaden über die Siedlung **Ceir**, 875 m. In Höhe der **Capella della Pioda** haben wir zwei Möglichkeiten: Entweder wir queren zu dieser hinüber und nehmen den Anstiegsweg hinab nach **Maggia**, oder wir nehmen rechts oberhalb des Steilabbruchs eine aussichtsreiche Schleife, die uns bald steil hinab zur Kirche S. Maurizio in Maggia führt. Von dort schlendern wir auf der Ortsstraße zurück zum Ausgangspunkt in der Ortsmitte.

32 Von Cevio zum Lago di Sascòla, 1740 m

6.30 Std.

Anstrengender Anstieg, einsames Badevergnügen

Käse aus dem Maggiatal ist seit langem ein Begriff, doch die Alpen, auf denen er über Jahrhunderte hergestellt wurde, sind im Verschwinden begriffen. Auf der Alpe Sascòla, unserem hoch gelegenen Tourenziel, wurde der Alpbetrieb bereits 1955 eingestellt – mangels guter Weiden und mangels Wasser. Geblieben ist aber eine reizvolle Berglandschaft, ein einsamer Bergsee und zahlreiche Spuren einer arbeitsintensiven Bergbauernkultur, deren Mühsal uns heute kaum noch bewusst ist.

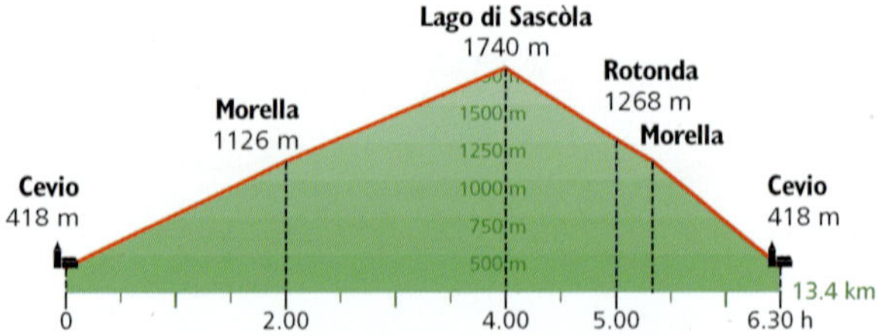

Der zentrale Platz in Cevio mit den Resten des alten Schlosses (links).

Oben: Blick hinaus ins Maggiatal.
Unten: Gumpe am Anstiegsweg zum Lago di Sascòla.

Talort: Cevio, 418 m; siehe Seite 24.
Ausgangspunkt: Ortsmitte von Cevio bzw. bei der Kirche in Rovana bei der Abzweigung Richtung Bosco-Gurin. Parkplatz in Cevio und kleiner Parkplatz bei der Kirche. Besser jedoch Anfahrt mit PTT-Bus.
Höhenunterschied: 1322 Hm.
Anforderungen: Vor allem zu Beginn steiler Anstieg; leichte, aber lange und Ausdauer fordernde Route. Rückweg schmale, steinige Pfade.
Einkehr: Unterwegs keine. Gasthäuser (Albergo della Pasta, Osteria Castello) und Jugendherberge in Cevio.
Sehenswertes: Der reizvolle Bergsee Lago di Sascòla. Die Casa dei Landvogti in Cevio mit den Wappen der Kantone.

Von der Ortsmitte von **Cevio** wandern wir zuerst auf der Straße Richtung Bosco-Gurin und zweigen im Ortsteil **Rovana** links ab zur Wallfahrtskirche Madonna del Ponte. Links an der Kirche vorbei (kleiner Parkplatz) und über die Steinbrücke. Links haltend 100 Meter hoch, bis zu einem Steinhäuschen, wo rechts ein gut angelegter Steig (WW) abzweigt. Auf diesem dann durch Wald in steilen Serpentinen hoch bis zu einer Wegverzweigung. Dort links weiter und auf dem weiterhin bewaldeten Bergrücken steil hinauf zum Maiensäß **Morella di Sotto**, 950 m. Im weiteren Verlauf zieht sich der Weg nun weniger steil hinauf zu den großen Alpweiden von **Morella**, 1126 m, die wir an deren unterem Rand berühren. Bei der folgenden Wegverzweigung geradeaus weiter dem Bach folgend durch Wald hinauf, bis der Bach eine Biegung nach Westen macht und wir den Wald wieder verlassen. Über eine große, mit Felsbrocken übersäte Rinne weiter (Mark. beachten). Wir folgen nun einer Bergrippe oberhalb des Baches und steigen durch Wald und Buschwerk hinauf zu den Alphütten der **Corte del Lago**. Nun links zum Bergsee **Lago di Sascòla**.

Die Rückkehr ins Tal folgt einer Variante: Wir kehren zur **Corte del Lago** zurück und folgen dann links einem rot-weiß markierten Pfad, der nahezu eben am Osthang des Pizzo Sascòla quert. Bei der nächsten Verzweigung halten wir uns rechts und steigen dann in weitem Bogen durch Wald zum Maiensäß **Rotonda**, 1268 m, ab, der sich oberhalb von Morella befindet und einen grandiosen Ausblick garantiert. Dort rechts hinab nach Morella. Hier treffen wir wieder auf unseren Anstiegsweg.

5.00 Std.

Alpe Gelato, 2175 m

33

Drei kühle Bergseen und eine abwechslungsreiche Almlandschaft

Inmitten der großartigen Bergumrahmung auf der Alpe Gelato mit dem Pizzo di Porcaresc, dem Pizzo dell'Alpe Gelato und den Spitzen des Tramalitt haben sich mehrere Bergseen gebildet. Drei von ihnen können wir auf jeweils separaten Routen von der noch bestoßenen Alpe di Sfii aufsuchen, um vielleicht – im Sommer – ein kühlendes Bad zu nehmen. Doch es gibt auch Kultur zu sehen bei diesem Ausflug ins hinterste Valle di Campo: Das Dorf Campo kurz vor Cimalmotto weist noch ein sehr geschlossenes Ortsbild auf, ist jedoch abrutschgefährdet. Beeindruckende Kreuzwegstationen am Weg zur Kirche am Ortsende. Neben der Pfarrkirche Santa Maria Assunta in Cimalmotto aus dem 16. Jh. findet man hier auch noch das Maggiataler Holzhaus.

Talort: Cimalmotto, 1405 m; zuoberst gelegener Ort im Valle di Campo. Der bereits im 9. Jh. bewohnte Ort wurde mittlerweile auch ein Opfer der Landflucht; heute wird er den Sommer über vorwiegend von Touristen bewohnt. Anfahrt mit Pkw (17 km von Cevio) bzw. mit Bus möglich von Locarno (jedoch umsteigen in Cevio und Cerentino erforderlich).

Ausgangspunkt: Endhaltestelle der Buslinie in Cimalmotto bzw. Parkplatz am Ortsanfang. Parkplatz im Ort.

Höhenunterschied: 1010 Hm.

Anforderungen: Zu Beginn Fahrweg, dann Wanderwege bzw. Bergsteige; z.T. recht steil.

Einkehr: Unterwegs keine bzw. nur Milch auf der Alpe di Sfii. Gasthäuser in Campo (»Porta«) und Cimalmotto (Pensione »Alpina«, Bauernhof Munt la Reita, beide mit Übernachtung).

Das Dorf Campo am Anfahrtsweg nach Cimalmotto.

Vom Parkplatz in **Cimalmotto** wandern wir zunächst durch den auf einer Anhöhe liegenden Ort bzw. umrunden das Dorf linker Hand auf asphaltiertem Fahrweg (WW »Sentiero di montagna«). Nach einem Bach halten wir uns links (nicht dem WW folgen, der führt aufwärts durch den Ort) und wandern leicht fallend durch Wiesengelände mit verstreuten Heuhütten zum Ortsteil Pianelli (Ferienhäuschen). Nach einer halben Stunde links hinab, bis rechts ein Wanderweg von der Straße abzweigt (WW »Alpe di Sfii«). Durch Nadelwald steil hinab zu einem Bach, den wir auf einer Eisenbrücke überqueren, dann folgen wir links dem markierten Weg über die Lichtung von **Fiümigna**. Nach wenigen Minuten beginnt dann der steile Aufstieg durch Wald. Der Weg verläuft immer rechts des im unteren Bereich tief eingeschnittenen Baches, bis er sich nach der Überwindung der Steilstufe zurücklegt. Dann durch lichten Lärchenwald und Alpweiden zur **Alpe di Sfii**, 1666 m. Im Sommer tummeln sich hier Kühe, Ziegen und sogar Schweine (keine Übernachtung). Von hier haben wir mehrere Möglichkeiten, zu den Bergseen zu gelangen: Den höchstgelegenen, kleinen See bei der Alpe Gelato, 2175 m, erreichen wir, indem wir auf markiertem Pfad dem Hochtal auf der rechten Seite weiter folgen und hinauf zur Alpe **Corte di Sopra**, 1980 m, steigen. Dort verzweigen sich die Wege: links geht es durch steiniges Gelände in einer halben Stunde zur **Alpe Gelato**, rechts nahezu eben, dann kurz hinab zum **Lago dei Pozzöi**, 1955 m, der in einem kleinen Kessel liegt. Den größten der drei Seen erreichen wir in einer knappen Stunde genau auf der ent-

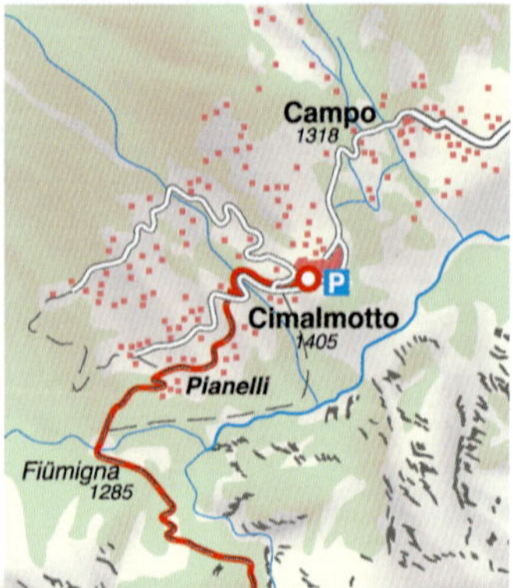

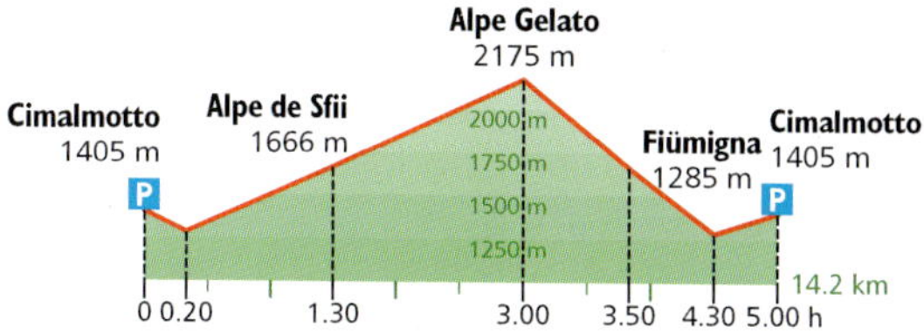

gegengesetzten Seite durch schütteren Bergwald hinauf zur **Corte del Lago**, 1909 m. Dafür müssen wir bei der Alpi di Sfii allerdings zuerst ein paar Meter zum Bach Ri di Sfii absteigen. Drei weitere kleine Seen befinden sich oberhalb des Überganges über den Passo della Cavegna.
Der Abstieg nach Cimalmotto erfolgt auf dem Anstiegsweg.

Cimalmotto ist der oberste Ort im Valle di Campo und heute nur noch von wenigen Menschen bewohnt. Dort finden wir noch einige Beispiele des Maggiataler Holzhauses.

TOP **34**

Bosco-Gurin – Alpe Mater – Corino

5.30 Std.

Aussichtsreicher Höhenweg über dem Valle di Bosco

Im 19. Jahrhundert lebten in Bosco-Gurin noch über 400 Menschen, heute sind es noch nicht mal 100. Die Alpen rund um das Valle di Bosco bildeten dabei die Grundlage für das Überleben – doch sie reichten nicht aus, um alle zu ernähren. Viele wanderten aus, um woanders ihr Glück zu versuchen. Neben der Großalp, der größten Alp im Gemeindegebiet, gab es auch die großen Weideflächen der Wolfstaffel, die von den steil aufragenden Gipfeln des Wandfluhorn-Hauptkammes überragt werden. Die Alpen oberhalb der Baumgrenze sind durch Pfade verbunden, die heute jedoch nurmehr als Zustiegswege für Gipfeltouren benützt werden. Besonders im Herbst, wenn die zahlreichen Lärchen im Valle di Bosco sich einfärben, bietet dieser Rundweg ein großartiges Erlebnis, wenngleich etwas Orientierungssinn erforderlich ist. Ein Besuch im Walserhaus rundet dann den Besuch ab.

Talort: Bosco-Gurin, 1503 m; siehe S. 24.
Ausgangspunkt: Ortsanfang bzw. Buswendeschleife von Bosco-Gurin. Evtl. Rückkehr nach Bosco-Gurin bzw. zum Talort Cevio mit PTT-Bus. Großer Parkplatz am Ortseingang von Bosco-Gurin.
Höhenunterschied: 1000 Hm.
Anforderungen: Leichte Wanderung auf guten Alpwegen, überwiegend jedoch der Sonne ausgesetzt. Trittsicherheit und etwas Orientierungssinn ist erforderlich.
Einkehr: Hotel-Restaurant Walser, Osteria delle Alpi sowie Jugendherberge Giovanibosco in Bosco-Gurin.
Sehenswertes: Die einzige deutschsprachige Siedlung Bosco-Gurin im Tessin mit ihren alten Häusern. Museum im Walserhaus.

Der Holzaufbau der alten Häuser von Bosco-Gurin ist typisch für die Bauweise der Walser.

Vom Ortsanfang in **Bosco-Gurin** zuerst auf asphaltiertem Weg in nordöstlicher Richtung zum Ortsteil Fedér, dann in gleicher Richtung auf einem Pfad über die freien Hänge und durch Wald hinauf auf die Alp Endra Staful, 1931 m. Weiter über freies Gelände bergan, dann in östlicher Richtung unter den steil aufragenden Gipfeln Pizzo d'Orsalia und Camino entlang, bis wir den höchsten Punkt (2093 m) unserer Runde bei einem schwach ausgeprägten Gratausläufer erreichen. Nun abwärts zur Alpe Màter, 1886 m, die aussichtsreich auf einem vorspringenden Bergrücken liegt. Im weiten Bogen dann hinüber zu den Hütten von **Corte Antico**, 1819 m, am Fuße des Pizzo della Rossa, der mit einer auffällig roten Wand gegen das Valle di Bosco abbricht. Von der Alpe nun geradewegs steil durch den Wald Bolla hinab zu den Weiden von **Campiòi**, 1456 m, die wir auf zahlreichen kleinen Serpentinen talwärts überqueren. Am unteren Ende leitet der Weg nach links zum Bach Ri di Campiòi, den wir überqueren, um dann auf der linken Seite zum kleinen Dorf mit Kirche Camanói, 1136 m, hinabzuwandern. Von dort auf der schmalen Fahrstraße hinab nach **Corino**, 1093 m, und zur Talstraße nach Bosco-Gurin. Bei der Brücke über den Bach zweigt ein alter Saumweg ab, der uns zuerst auf der linken Seite des Wildbaches durch schönen Wald bergwärts führt, um dann nach etwa 20 Min. auf einem Brückerl auf die andere Seite hinüberzuwechseln. Dort folgen wir weiterhin dem Bachlauf, vorbei an den Hütten von Geschanu und Ubarab, 1294 m, bis der alte Saumweg dann in steilen Serpentinen hinauf zur Talstraße leitet. Auf dieser zurück nach **Bosco-Gurin**.

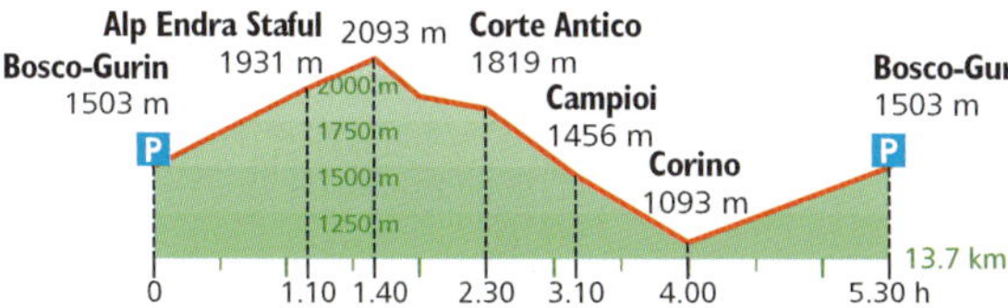

35 Guriner Furka, 2323 m

4.00 Std.

Blick ins italienische Valle d'Ossola

Bosco-Gurin wurde im 13. Jh. von deutschsprachigen Walsern aus dem Pomatt im italienischen Valle d'Ossola besiedelt. Die Guriner Furka (Furggu), das Ziel unserer Wanderung, über die die Walser zogen, um im Gurintal zu siedeln, war über Jahrhunderte einer der klassischen Walserpässe. Und noch während des Zweiten Weltkriegs gaben sich hier die Schmuggler von Reis, Tabak und Textilien die Hand.

Talort: Bosco-Gurin, 1503 m; siehe Seite 24.
Ausgangspunkt: Wendeplatz der Postbusse am Ortseingang von Bosco-Gurin. Großer Parkplatz am Ortseingang.
Höhenunterschied: 820 Hm.
Anforderungen: Zu Beginn Wirtschaftsweg, dann Bergsteig; leichte Wanderung; Sessellift zum Rossboda (nur im Hochsommer).
Einkehr: Hotel-Restaurant Walser sowie Jugendherberge in Bosco-Gurin, Capanna Großalp, 1950 m (Ende Juni bis Mitte Oktober bew.; 36 Betten; Tel. +41 91 7541680; www.capannagrossalp.ch).
Sehenswertes: Der ganzjährig bewohnte Walserort Bosco-Gurin mit dem Walsermuseum. Die alten Steinhütten auf der Großalp. Das Bergpanorama von der Großalp sowie der Blick von der Guriner Furka ins italienische Valle d'Ossola.

Die Capanna Großalp auf dem weiten Gelände der gleichnamigen Alp. Im Winter wird hier Ski gefahren.

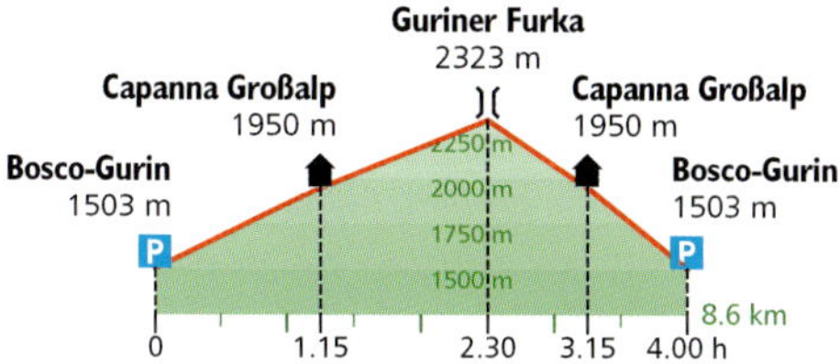

Vom Parkplatz am Ortseingang von **Bosco-Gurin** gehen wir entweder durch den Ort – vorbei am Walserhaus – und wenige Meter abwärts zu den unübersehbaren großen Ställen am westlichen Ortsrand; vor diesen folgen wir dann der Ausschilderung nach rechts, hinauf Richtung Großalp. Oder wir nehmen bereits zu Ortsbeginn den schmalen, zu Beginn noch asphaltierten Fahrweg nach rechts, der noch vor der Kirche zuerst Richtung Norden, dann in einem spitzen Winkel Richtung Westen, also zur Großalp führt und sich mit dem anderen Weg bald vereinigt. Auf diesem dann mäßig ansteigend durch überwiegend freies Gelände (im Winter Skipiste) bzw. durch lichten Lärchenwald zu den Alpböden mit mehreren Steinhütten und der **Capanna Großalp**, 1950 m. Von hier leitet ein schmaler, markierter Pfad Richtung Nordwesten zu einem Skilift. Dort in zahlreichen kleinen Kehren über die Alpböden höher steigen – immer in Liftnähe – bis zur Bergstation des Lifts. Dort folgen wir dem gut erkennbaren Steig oberhalb eines Trockenbachbettes, der unter der Nordflanke des Ritzberges zum flachen Passübergang der **Guriner Furka** führt. Ein kleiner Bergsee unterhalb des Passes, der Lago superiore, mag manchen noch zu einem kleinen Abstieg ermuntern, ansonsten begnügen wir uns mit dem Blick auf die Bergwelt des Val Formazza auf der Westseite. Der Abstieg erfolgt dann wieder auf dem Anstiegsweg.

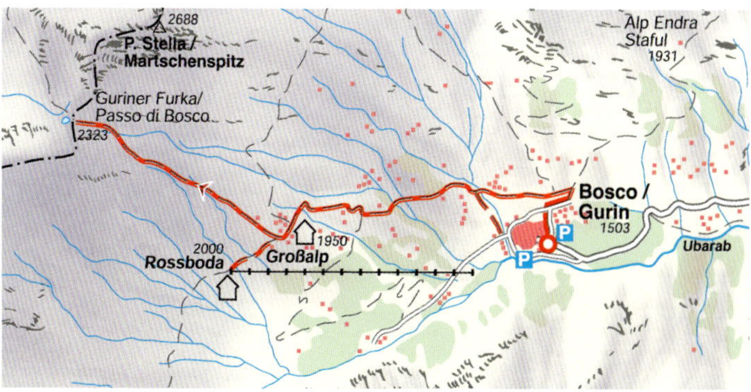

36 Von Foroglio zu den Laghi della Cròsa

8.30 Std.

Reizvolle Almsiedlungen im größten Seitental des Val Bavona

Am großen Wasserfall von Foroglio, der als einer der schönsten der Schweiz gilt und nahezu 80 Meter herabstürzt, und dem Grotto gleich nebenan kommt man auch als Tagesausflügler schwerlich vorbei. Doch auch die Wanderung von dort hinauf zu den Laghi della Cròsa ist an Reizen nicht arm, findet man doch im Val Calnègia die schönsten Höhlenhäuser aus Stein, die sogenannten »splüia«. Und hoch oben in der Gipfelregion liegen zwei reizvoll eingebettete Bergseen. Die früher dort betriebene karge Alpe Cròsa wurde jedoch schon vor langer Zeit aufgegeben.

Talort/Ausgangspunkt: Foroglio, 684 m; rustikales Dorf im Bavonatal mit sehenswerter Kapelle Santa Maria Assunta und typischem Tessiner Grotto. Parkplatz am Dorfanfang, vor der Brücke. Anfahrt mit öffentlichen Bussen von Locarno über Bignasco nach Foroglio.
Höhenunterschied: 1470 Hm.
Anforderungen: Bergwege, teilweise steile Bergsteige mit vielen Treppen und Steinplatten. Gelegentlich etwas Orientierungssinn nötig, da der Weg an einigen Stellen durch den Bach verwaschen ist.
Einkehr: Grotto in Foroglio; unterwegs keine, also Proviant mitnehmen.
Sehenswertes: Der Calnègia-Wasserfall in Foroglio und das wildromatische Calnègiatal.
Hinweis: Für Kinder ist die Gesamtstrecke zu lang; wir schlagen daher den Wendepunkt bei der Maiensäß Canègia vor.

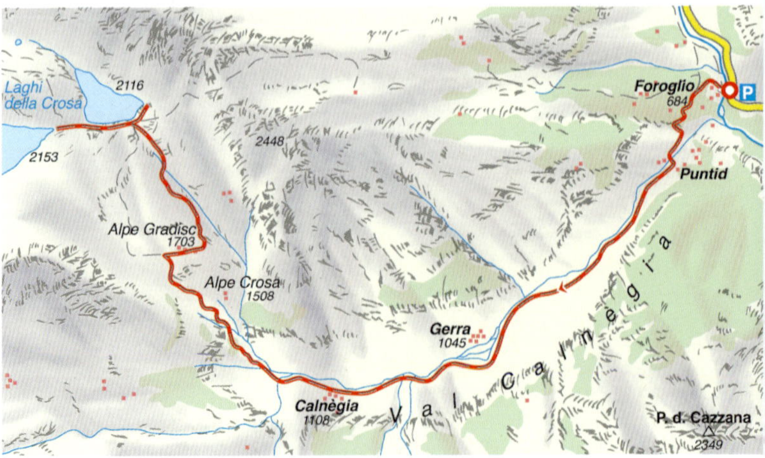

Der Fiume Calnègia wird auf einer luftigen, kleinen Steinbrücke überquert.

Von **Foroglio** führt ein guter, markierter Weg rechts vom Wasserfall durch Wald hinauf nach **Puntid** an der Talmündungsstufe, wo sich der Fiume Calnègia tosend ins Tal stürzt. Wir überqueren den Bach und steigen auf seiner linken Seite taleinwärts, bis wir nach einer teilweise mühevollen Wanderung über das Geröll des oft breiten Bachbettes die Almsiedlung **Gerra**, 1045 m, erreichen (kurzer Abstecher vom Weg). Die direkt an bzw. zwischen die Felsen gebauten Steinhütten sind Musterbeispiele Tessiner Steinhauskultur. Zurück zum Weg, dann rechts weiter dem aufgefächerten Fluss entlang, einige Bachbetten querend, zum Maiensäß **Calnègia**, 1108 m. Von hier sind noch 1000 Höhenmeter in einem steilen Anstieg zu den Seen zu bewältigen. Wir folgen weiter dem Bach, queren zwei von links hereinkommende Bäche und steigen steil über zahlreiche Serpentinen durch Wald hinauf zu den Alpen **Cròsa**, 1508 m, und **Gradisc**, 1703 m, wobei wir uns bei der Wegtafel kurz davor rechts halten. Wir queren den Alpboden und gelangen wieder in den Wald. Der weitere Weg ist sehr steil, überwindet ein paar Felsstufen und erreicht dann den die beiden Seen abgrenzenden Bergkamm, die sogenannte Mött. Nun jenseits hinunter auf einem Pfad zum kleineren der **Laghi della Cròsa**, 2116 m. Auf Pfadspuren dann links hinauf zum größeren der beiden Bergseen. Der Abstieg erfolgt auf dem Anstiegsweg.

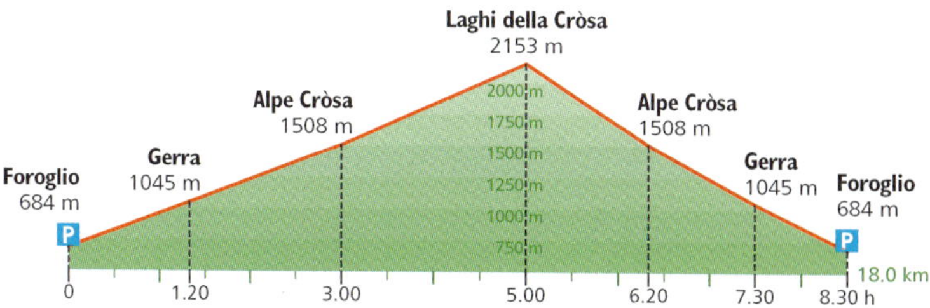

37 Rifugio Piano delle Creste, 2108 m

6.45 Std.

Hüttenidylle im Schatten des Basòdino

Das Val Bavona gilt als eines der wildesten Täler des Tessins, und schon in früheren Zeiten drohten ständig Überschwemmungen und Lawinenabgänge den Bewohnern das Leben schwer zu machen. Das Tal endet in San Carlo und von dort aus lassen sich schöne Wanderungen in die Hochtäler ringsum unternehmen. Eines der sanftesten von ihnen ist das Val d'Antabia, das sich bis unter die Südseite des Basòdino hinaufzieht und in das Piano delle Creste übergeht, wo uns eine äußerst reizvolle Unterkunftshütte und ein paar Bergseen erwarten.

Talort: San Carlo, 938 m; kleines Dorf im Talschluss des Val Bavona mit Kapelle aus dem 17. Jh. und einem Gasthaus. Talstation der Seilbahn auf Robiei. Kleiner Parkplatz vor der Brücke in San Carlo.
Parkmöglichkeit: Am Ausgangspunkt bzw. jenseits der Brücke nach ein paar hundert Metern.
Höhenunterschied: 1170 bzw. 1250 Hm.
Anforderungen: Markierter Bergweg mit einigen steilen Passagen und vielen Treppenstufen.
Einkehr: Rifugio Piano delle Creste, 2108 m (von Mitte Juni bis Mitte September, danach bis Mitte Oktober an Wochenenden bewartet, 35 Schlafplätze; Tel. +41 91 7551414). Rifugio Basòdino (Gaststätte) in San Carlo.
Sehenswertes: Vom Rifugio Piano delle Creste erschließen sich interessante Blicke auf die zentralen Tessiner Berge.

Die alten Rustici in San Carlo werden heute als Ferienhäuschen genutzt.

Der Weg beginnt vor der Brücke über die Bavona, vor den ersten Häusern von **San Carlo**. Wir wandern zuerst ein Stück durch Wald, müssen dann aber bald eine steile Felsstufe überwinden, hinter der wir die Hütten von **Olmo**, 1144 m, erreichen. Von dort auf steilem Pfad weiter, überwiegend durch Buchenwald, hinauf zu den Hütten von Muglieröö, 1495 m. Allmählich lichtet sich der Wald, der im oberen Abschnitt aus Lärchen besteht, und wir haben freie Sicht auf die Südabdachung des langen Basòdino-Ostgrates auf der einen und auf die tief eingeschnittene Schlucht des Ri d'Antabia auf der anderen Seite. Nach einigen Serpentinen ist die Alpsiedlung **Corte Grande**, 1914 m, erreicht. Der Weg legt sich nun zurück, und über die Weiden der Alpe d'Antabia gelangen wir hinauf zur Hochfläche **Piano delle Creste**, wobei wir zuerst auf der rechten Seite des Baches wandern, den wir jedoch kurz vor Erreichen der Schutzhütte auf 2108 Meter Höhe nach links überschreiten. Ein herrliches Bergpanorama nimmt uns hier oben gefangen. Und zur Krönung des Ganzen wandern wir von den beiden Hütten linker Hand noch die letzten 20 Minuten hinauf zu den **Laghetti d'Antabia**.
Der Abstieg erfolgt auf dem Anstiegsweg.

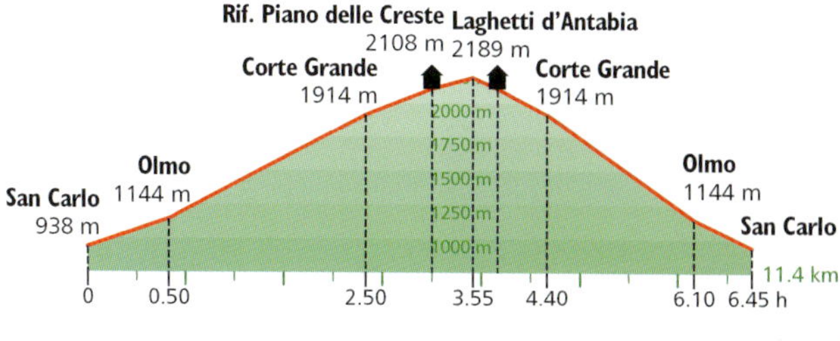

TOP **38**

Capanna Basòdino und Lago di Robiei

6.15 Std.

In der Hochregion zwischen Cristallina und Basòdino

Der Basòdino ist mit seinen 3272 m Höhe nicht nur der höchste Gipfel, der ausschließlich auf Tessiner Boden steht, er weist auch die einzige bedeutende Vergletscherung in den Tessiner Alpen auf. Für Wanderer ist der Gipfel sicher nicht geeignet, doch wird er uns als Blickfang auf unserer Wanderung stets begleiten.

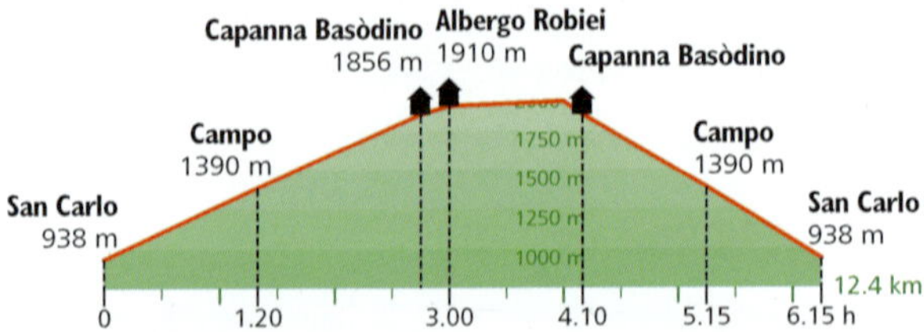

Talort: San Carlo, 938 m; letzte Siedlung im oberen Bavonatal mit Kirche und Gasthaus. Talstation der Seilbahn auf Robiei (nur Sommerbetrieb). 12 km von Bignasco.
Ausgangspunkt: Kleiner Parkplatz 300 m nach San Carlo an der Zufahrtsstraße zur Talstation der Robiei-Seilbahn, dort, wo eine kleine Stahlbrücke die Bavona überquert. Einige kleine Parkplätze vor und nach San Carlo. Postbusverbindung mit Locarno.
Höhenunterschied: 1162 Hm.
Anforderungen: Bergsteig, der Trittsicherheit und Schwindelfreiheit voraussetzt. Gutes Schuhwerk nötig. Auf Robiei einige asphaltierte Fahrwege. Rot-weiß markiert. Abstieg oder Aufstieg können im Sommer (Mitte Juni bis Mitte Oktober stündlich) mit der Kabinenseilbahn verkürzt werden.
Einkehr: Capanna Basòdino (Gaststätte; Zimmer) in San Carlo, Albergo und Ristorante Robiei, 1910 m (nur im Sommer bew.; Betten und Lager), Capanna Basòdino, 1856 m (von Mitte Juni bis etwa 10. Oktober bew.; 39 Schlafplätze; Tel. +41 91 7532797; www.capanna-basodino.ch).
Sehenswürdigkeiten: Die künstliche Seelandschaft auf Robiei sowie Gletscher und Gipfel des Basòdino.

Der so romantisch anmutende Lago di Robiei wurde zur Energiegewinnung gestaut.

Wir überqueren den Steg, der vom Parkplatz in **San Carlo** auf die andere Seite des Bavona-Baches führt, halten uns dann rechts und steigen auf gutem Weg mäßig steil durch dichten Laubwald den Bach entlang aufwärts. Nach 15 Min. treffen wir auf ein verfallendes Steinhaus. Wenige Meter vor diesem folgen wir der Markierung, die rechts vom Hauptweg wegführt. Bald in Serpentinen auf z.T. gutem Steig durch Wald ansteigend höher. Allmählich verlassen wir den reinen Laubwald. Die Birken und Nadelbäume werden zahlreicher, weiter oben erwartet uns dann Lärchenwald. Wir überqueren einen weiteren Bach und kommen bald wieder in die Nähe des Bavona-Baches, der sich bereits durch ein starkes Rauschen ankündigt. Nach einer Stunde Gehzeit treffen wir auf einen Unterschlupf (links). Nun weiter steil hinauf durch Wald, bis wir auf die Terrasse der ehemaligen Almsiedlung **Campo**, 1390 m, gelangen. Über die Almwiesen zu einem Holzsteg und zu den Steinhütten. Kurz vor diesen links weiter auf den Wald zu, über einen Bach und auf dessen rechter Seite weiter steil hinauf. Wir bleiben auf dieser Seite und durchwandern ein enges Trogtal. Bald endet der Wald, weit oberhalb sehen wir bereits die **Capanna Basòdino**, zu der wir dann über steile Serpentinen hinaufsteigen. Hier bietet sich zum ersten Mal ein Blick auf den Basòdino. Von der Hütte folgen wir dem links hinaufführenden geteerten Fahrweg zur Staumauer des **Lago di Robiei** und zum **Albergo Robiei**. Auf dem geteerten Fahrweg rechts weiter, bis nach einer halben Stunde links ein Steig abzweigt (2. Abzweigung). Nun ein kurzes Stück hoch und jenseits zum See hinab, wobei wir uns immer links halten. Knapp oberhalb des Lago di Robiei verläuft der Rundweg, der uns in weitem Linksbogen zum turmartigen Albergo Robiei zurückbringt.

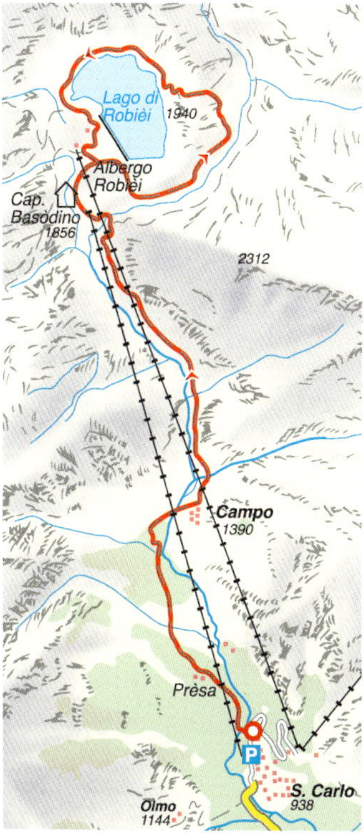

Abstieg: Auf dem Anstiegsweg oder mit der Kabinenbahn (dann müssen wir allerdings noch ein Stück Weg zum Auto zurücklegen).

39 Von Fusio zur Alpe Mognòla

5.00 Std.

Stille Almen und ein kristallklarer Bergsee

Eine Rundwanderung der Superlative stellt dieser Abstecher zum Lago di Mognòla dar. Nach einem steilen Aufstieg genießen wir den klaren Bergsee in einem von der Eiszeit geformten Kar, umgeben von imposanten Berggestalten. Im Westen leuchtet der vergletscherte Basòdino und neben einem Wasserfall passieren wir stille Alphütten und mit etwas Glück grasendes Vieh.

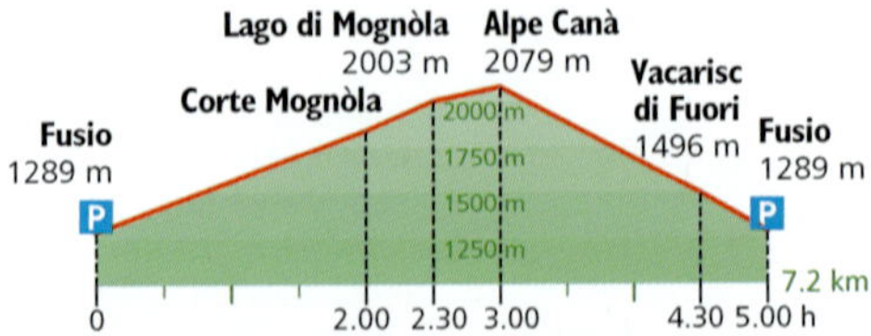

Talort: Fusio, 1289 m; siehe Seite 26.
Ausgangspunkt: Parkplatz am Ortseingang von Fusio (WC, Telefon). Busverbindung mit Locarno.
Höhenunterschied: 790 Hm.
Anforderungen: Leichte, teilweise steile Bergwanderung; im oberen Teil der Sonne ausgesetzt. Im Abstieg Trittsicherheit!
Einkehr: Unterwegs keine; Restaurants in Fusio. Hotel Fusio.
Sehenswertes: Der reizvolle Ort Fusio mit seiner Mischung aus innerschweizerischer und Tessiner Bauweise. Die moderne Kirche von Mario Botta in Mogno.

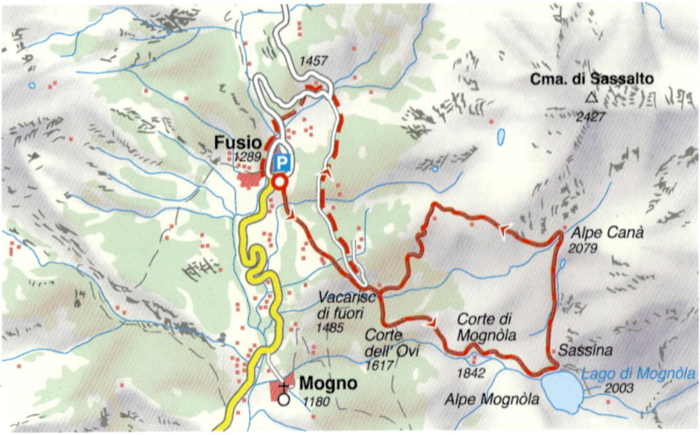

Fusio – der letzte Ort im hinteren Lavizzaratal – lag früher an einer Passroute in das Valle Leventina.

Am Ortseingang von **Fusio**, zwischen Brücke und Parkplatz, beginnt rechter Hand der gut ausgeschilderte und markierte Weg hinauf zur Alpe Vacarisc und zum Lago di Mognòla. Der Weg verengt sich bald, steigt dann steil durch Wald bergan (rot-weiß mark.) und trifft nach einer knappen Stunde Gehzeit bei **Vacarisc di fuori**, 1485 m, auf eine unbefestigte Straße. Dieser folgen wir bis zur großen Linkskehre. Hier zweigt rechts der Fußweg ab, der uns (rot-weiß mark.) zuerst über einen Bach, dann durch Wald hinauf zum Maiensäß Corte dell'Ovi, 1617 m, bringt. Vor den Hütten links am Waldrand entlang hoch und in leichtem Rechtsbogen zum Durchlass auf den Corte di **Mognòla**, 1820 m, mit seinen flachen Alpweiden und den schlichten Steingebäuden. Im Sommer wird – was auf den Tessiner Alpen immer seltener wird – noch Vieh aufgetrieben. Rechts im Hintergrund erhebt sich der felsige Pizzo Ruscada. Der Pfad hinauf zum Lago di Mognòla hält sich links des Baches und führt dann durch lichten Bergwald auf den Wasserfall zu, der vom Seeabfluss gespeist wird. Dort betreten wir die aus einem Kar gebildete Hochfläche mit dem **Lago di Mognòla**, 2003 m, die im Hintergrund von Felsgipfeln eingerahmt wird. Wir gehen nun links hinauf zur aufgelassenen Alp Corte della Sassina, die auf einem Bergvorsprung liegt, der uns einen reizvollen Panoramablick auf den See bietet. Dann queren wir im Auf und Ab durch freies Gelände und über einen Bach hinüber zur **Alpe Canà**, 2079 m. Von dort an geht's talwärts. Wir folgen einem guten Alpweg, der Resten einer alten, steinernen und inzwischen wieder in Stand gehaltenen Wasserleitung folgt (daneben die neue Rohrleitung), vorbei am Alpgebäude der Corte del Sasso, dann weiter über Matten und links über steile Serpentinen hinab zur **Corte di mezzo**. Etwas unterhalb nimmt uns der Wald auf und bald ist auch das Alpgebiet von **Vacarisc di fuori** erreicht, wo wir unsere obere Runde begonnen haben. Auf dem Anstiegsweg zurück nach **Fusio** (wir könnten auch das Fahrsträßchen benutzen, das von hier hinab nach Fusio führt).

40 Ins Val Sambuco

4.00 Std.

Ins Quellgebiet der Maggia

Die Maggia, die dem unteren Talabschnitt seinen Namen gegeben hat, entspringt im hintersten Val Sambuco, das sozusagen die alpine Fortsetzung des Val Lavizzara ist. Zahlreiche kleine und größere Gletscherseen speisen hier die noch junge Maggia, deren ungehinderter Fluss zunächst aber von zwei großen Stauseen, dem Lago del Narèt und dem Lago del Sambuco gebremst wird. Beide Seen liegen in herrlicher Hochgebirgslandschaft. Durch dieses Hochtal verlief früher der viel begangene Übergang ins Bedrettotal. Nach wie vor ist dieses Gebiet hinsichtlich seiner grandiosen Landschaft und seiner botanischen Besonderheiten empfehlenswert.

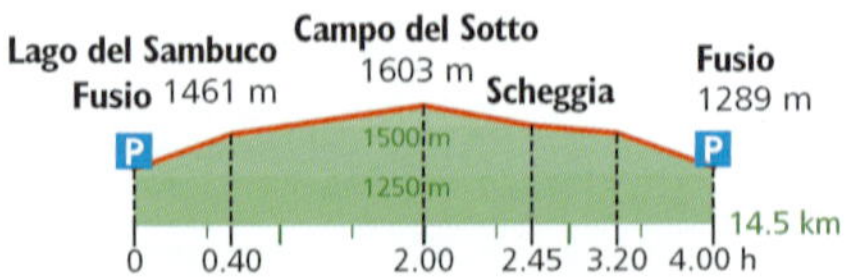

Blick vom Beginn des Val Sambuco hinaus ins lang gestreckte Val Lavizzara.

Talort: Fusio, 1289 m; siehe Seite 26.
Ausgangspunkt: Parkplatz (WC, Telefon) in Fusio oder an der Staumauer (2,5 km ab Fusio).
Höhenunterschied: 320 Hm.
Anforderungen: Leicht, da die Route überwiegend auf Wirtschaftswegen verläuft, die beim Bau des Stausees angelegt wurden.
Einkehr: Antica Osteria Dazio (B&B) und Albergo Pineta in Fusio.
Sehenswertes: Der kleine, reizvoll an einen Hang gebaute Ort Fusio.

Im Val Sambuco findet man noch Ziegen auf den Alpen – eine Attraktion für Kinder.

Blick auf den Pizzo Campo Tencia, der mit seinen 3072 Metern Höhe alle umliegenden Gipfel weit überragt.

Wir verlassen **Fusio** in nördlicher Richtung über die Maggiabrücke und nehmen dann einen Abkürzer, der bei einer Kapelle beginnt. Am höchsten Punkt (1457 m) wenden wir uns auf der Alpstraße links hinab und treffen bald wieder auf die befestigte Werkstraße, der wir dann bis zur Staumauer des **Lago del Sambuco** und von dort über drei Kilometer am Seeufer entlang folgen. Am Ende des Sees wandern wir weiter auf der Straße durch einen herrlichen Lärchenbestand – nun oberhalb der Maggia über eine Talstufe hinauf zur ausgedehnten Alp Campo la Torba. Auf der **Alpe Campo di Sotto**, 1603 m, die sich etwas links der Straße befindet, endet unsere Wanderung.
Die Rückkehr nach Fusio variieren wir, indem wir kurz vor Erreichen des Sees links den alten Saumweg »Strada alta di Sambuco« nehmen, der 200 Meter oberhalb des Sees verläuft und u.a. die Alpen **Sassello** und **Scheggia** verbindet (neuer Abkürzer, der von der ersten Spitzkehre horizontal zum alten Saumweg führt). Die Werkstraße erreichen wir erst wieder kurz vor der Staumauer. Auf dem Anstiegsweg zurück nach **Fusio**.

3.30 Std.

Von Olivone nach Acquarossa

41

Auf dem Sentiero basso durch das Bleniotal

Das Bleniotal ist altes Kulturland mit reichen Zeugnissen aus der Vergangenheit. Bereits die Römer nutzten die Straßen durch das Bleniotal und über den Lukmanierpass. Auf unserer Wanderung vom oberen ins mittlere Tal durchstreifen wir reizvolle Dörfer und besuchen ein paar Museen, die uns Aufschluss geben über die frühere Lebensweise der Bewohner. Achtung: Der obere Teil des »Sentiero basso« zwischen Olivone und Aquarossa wurde von der rechten auf die linke Talseite verlegt!

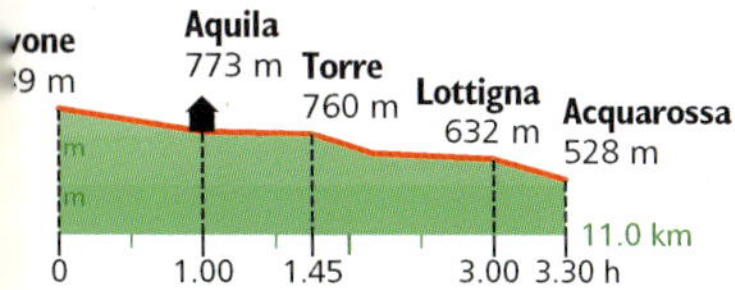

Talort: Olivone, 889 m; siehe Seite 27.
Ausgangspunkt: Ortsmitte von Olivone. Parkplätze im Ort, z.B. vor der Brücke über den Brenno. Anfahrt am besten mit dem öffentlichen Bus, da Ausgangs- und Endpunkt verschieden sind.
Höhenunterschied: 360 Hm im Abstieg.
Anforderungen: Leichte Wanderwege, gut auch mit Kindern zu bewältigen.
Einkehr: Gasthäuser in Olivone (z.B. Osteria Centrale con allogio, Albergo-Ristorante Olivone e Posta), Caffè della Posta in Dangio, Trattoria Alla Baracca hinter Torre und in Acquarossa (z.B. Ristorante Stazione con allogio).
Sehenswertes: Das Heimatmuseum im ehemaligen Pfrundhaus Cà da Rivöi aus dem Jahre 1658 in Olivone (gegenüber der Pfarrkirche im alten Ortsteil) sowie das Teilstück einer Römerbrücke bei Grumarone (Abstecher). Die Casa dei Landvogti in Lottigna, heute historisches Museum mit 18 Ausstellungsräumen ist allein schon wegen seiner Wappenfront sehenswert.

Der Sentiero basso ist gut ausgeschildert.

Die Kirche San Salvatore im Tal des Brenno befindet sich zwischen Torre und Gruma.

Hundert Meter rechts vom Albergo San Martino an der Talstraße in **Olivone** gehen wir zuerst rechts den Treppenweg hoch, dann links vor zur Pfarrkirche San Martino im alten Ortsteil. Links an der Kirche vorbei und vor zu einer Wegverzweigung. Nun folgen wir rechts dem asphaltierten Fahrweg, der hinauf nach Sallo führt (eine Variante, die aber mit einem Anstieg verbunden ist und erst bei Ponte Aquilesco wieder auf die Route trifft). Im Ortsteil Solario biegen wir rechts ab auf Sträßchen und wandern durch Wiesen und Wald, dann auf Pfad hinab zur Talstraße, die wir bei der Brücke über den Riasco (866 m) berühren. Der Weiterweg steigt jenseits der Brücke (bei kleinem Gebäude) links wieder an und führt hinauf nach **Ponte Aquilesco**. Dort folgen wir zuerst der Fahrstraße, bis uns ein Saumweg hinab nach **Aquila**, 773 m, führt. Dort Abstecher zu den Resten der alten Römerbrücke bei Grumarone möglich.

Im Ort bald rechts auf die kleine Ortsverbindungsstraße, der wir bis nach **Dangio** folgen. Durch die Ortsmitte von Dangio (Lebensmittelladen und Café) und entlang der alten Verbindungsstraße vor bis zur alten Schokoladenfabrik »Cima Norma«. Am Beginn des beeindruckenden Gebäudes verlassen wir die Straße und gehen links dicht an der großen Gebäudefront zum oberen Ende. Dort beginnt rechts der Wanderweg, der durch ein kurzes Waldstück hinauf nach **Torre**, 760 m, leitet. Nach einem kurzen Anstieg geht es wieder hinab durch die beiden Ortsteile (im unteren befindet sich die Kirche San Salvatore), wo wir auch bald wieder auf die Verbindungsstraße treffen. Auf dieser vor zur Talstraße (vorbei am Ristorante Greina), der wir etwa 300 Meter weit folgen, bis rechts – in Höhe der Trattoria alla baracca – ein Hohlweg abzweigt. Auf diesem hinab zum Weiler **Grumo**, 660 m.

Um allerdings den Höhepunkt der Route, die Casa dei Landvogti, besuchen zu können, müssen wir noch einige Anstiegsmeter hinauf nach Lottigna bewältigen. Wir folgen zuerst dem Sträßchen Richtung Ponte Valentino, dann links weg und auf Fahrweg in Kehren hinauf zur Talstraße, die wir überqueren. Nun auf der Zufahrtsstraße hinauf in den reizvollen Ort **Lottigna**, 632 m. Das Museum befindet sich am oberen Ortsrand, ein Stück weiter oben befindet sich die ebenfalls sehenswerte Pfarrkirche. Der Weiterweg nach Acquarossa beginnt gleich nach der Casa dei Landvogti, dort, wo rechts ein schmaler Weg abzweigt. Dieser führt uns durch Wiesen aus dem Ort und mündet dann in einen Waldweg ein, der uns bis nach **Acquarossa** begleitet. Vor der Brücke über den Brenno treffen wir dann wieder auf die Talstraße (links führt die Fortsetzung des Weges weiter über Dongio bis Luderio im unteren Bleniotal kurz vor Biasca).

42 Zur Capanna Adula, 2012 m

8.30 Std.

Rundtour am Fuße des Rheinwaldhorns

Ziel unserer Wanderung ist die Capanna Adula am Weg zum Rheinwaldhorn, dem mit 3402 Metern höchsten Gipfel des Tessins. Der stark vergletscherte Berg ist uns zwar nicht zugänglich, die Hüttenrundtour durch das einsame Val Carassino aber allein schon einen Ausflug wert. Von der Capanna bietet sich dann ein sehr reizvoller Blick hinab ins Val Blenio.
Olivone, unser Ausgangsort, spielte bis ins 19. Jahrhundert eine nicht unwichtige Rolle als Durchgangsstation über den Lukmanierpass; der alte Ortskern rund um die Kirche zeugt noch von seiner alten Bedeutung.

Talort: Olivone, 889 m; siehe Seite 27.
Ausgangspunkt: Ortsmitte von Olivone. Parken im Ort, z.B. rechts vor der Brücke über den Brenno.
Höhenunterschied: 1235 Hm.
Anforderungen: Anstrengende Hüttenwanderung auf überwiegend guten Bergwegen, z.T. auf Wirtschaftssträßchen. Beim Abstieg von der Adulahütte jedoch eine seilgesicherte Stelle.
Einkehr: Capanna Adula (CAS), 2012 m (ganzjährig offene Selbstversorgerhütte mit 24 Schlafplätzen, von Mitte Juni bis Mitte Oktober bewartet; Tel. +41 91 8721532; www.capannaadula.ch). Gasthäuser in Olivone, z.B. Osteria Centrale. Alpe della Bella.
Sehenswertes: Das Talmuseum in der »Cà da Rivöi«, einem ehem. Pfrundhaus aus dem 15. Jh. (gegenüber der Kirche im alten Ortsteil von Olivone). Die reizvollen Almsiedlungen im einsamen Hochtal Carassino.

Blick über die südwestlich des Pizzo di Cassimoi gelegene Capanna Adula ins Bleniotal.

Wir starten unsere Tour entweder beim Municipio am Ortsanfang oder beim Albergo San Martino in **Olivone** und gehen von dort, vorbei an der Osteria Centrale, hinauf zur Kirche. Gegenüber dem Museum halten wir uns rechts, gehen an der Kirche vorbei und wandern durch den alten Ortskern bis zu

Die mühevoll geschaffene bäuerliche Landwirtschaft wird nur mehr teilweise genutzt.

einer Wegverzweigung (von rechts mündet unser späterer Abstiegsweg ein). Nun geradeaus weiter und hoch zu den letzten Häusern, wo wir uns dann links halten (WW »Sentiero«). Der Fahrweg geht bald in einen pfostengesäumten Feldweg über. Durch Wiesen hinüber zum kleinen Ortsteil Marzano. Dort beginnt rechts der Aufstieg auf altem Saumweg – rechts am steil aufragenden Sosto vorbei – ins Val di Carassino. In zahlreichen Serpentinen durch Buschwerk und Wald, dabei einige Gräben und einen großen Bach querend, hinauf zu einer Zwischenstation der Werkseilbahn (die zur Staumauer des Luzzone-Stausees führt). Dort auf der kleinen Hochfläche auf Fahrstraße zum Maiensäß **Compietto**, 1570 m, mit kleiner Kirche aus dem 15. Jahrhundert. Weiter auf der Fahrstraße bis zum Ende der Hochfläche, dann in Kehren hinauf zur Wegverzweigung (1683 m) oberhalb, wo wir die

Straße nach rechts verlassen und auf Wanderweg bergwärts Richtung Val di Carassino ansteigen. Vorbei an einer kleinen Staumauer und dessen Staubecken hinauf zu den Hütten von **Bolla**, 1717 m. Dann sanft durch den baumlosen Talgrund in das einsame Tal hinein. Wir passieren nacheinander die Alpen **Carassino**, 1766 m, und **Cassimoi**, 1820 m, und steigen jenseits etwas steiler zur **Alpe Bresciana**, 1889 m, der höchstgelegenen des Tales, an. Vor uns sehen wir bereits die obere der beiden Adulahütten, unser Ziel liegt jedoch noch versteckt rechts unterhalb. Über einige Seitenarme des Ri di Carassino – und auf dessen rechter Seite – steigen wir weiter bergan, bis wir den obersten Rand des Hochtales erreicht haben, der mit einer Kapelle geschmückt ist. Dort bietet sich ein überraschender Tiefblick über das Val di Suoi hinweg auf das Bleniotal. (Um allerdings einen Blick auf das Rheinwaldhorn werfen zu können, müssten wir von hier noch eine Stunde links zur oberen Adulahütte und ein Stück darüber hinaus bergauf wandern.) Nun südwärts hinab und gleich nach rechts zur aussichtsreich gelegenen **Adulahütte**, 2012 m. – Der folgende Abstieg ist steil und führt zuerst durch schrofiges Gelände, dann durch Wald in unzähligen Kehren hinab zu den Hütten der Alp Irà, 1407 m, im Val Soi und gleich weiter zur größeren Alpsiedlung **Soi**, 1295 m, wo ein Almsträßchen beginnt. Auf diesem immer auf der rechten Seite des Baches talwärts. Vorbei an den **Monti di Güfera**, 1069 m, erreichen wir bald eine Wegverzweigung, wo wir die talführende Straße (nach Dangio) verlassen. Rechts haltend wandern wir nun das Bleniotal nordwärts, passieren die Alpsiedlung Cregua di Dangio, 1012 m, und wandern nahezu eben durch Wald hinüber zu den Alphütten von **Cregua di dentro**, oberhalb des Talortes Aquila. Ab hier müssen wir noch ein paar Höhenmeter zulegen, wobei wir allerdings einen eindrucksvollen Aussichtspunkt mit Kapelle erreichen. Jenseits fällt der Pfad dann wieder ab. Wir queren ein Bachtal und folgen dann einem Fahrweg zu den Alphütten von **Pinadee**, 1010 m. Wir wandern weiter Richtung Norden, überqueren ein geröllhaltiges Bachbett (Orientierung manchmal etwas schwierig), um dann auf der anderen Seite weiter durch Wald und hinab zur kleinen Siedlung **Sallo**, 950 m, zu gelangen. Von dort führt ein Sträßchen hinunter nach **Olivone**, unserem Ausgangspunkt.

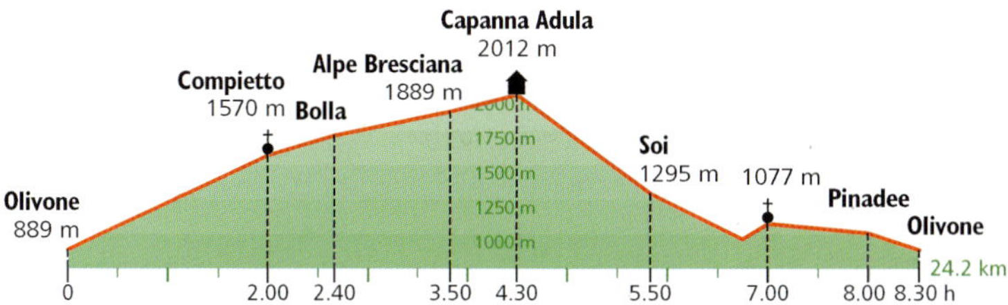

43 Strada alta, 1. Etappe

5.00 Std.

Auf alten Säumerwegen hoch über dem Leventinatal

Die Leventina, das Haupttal des Tessin-Flusses, das schon im Mittelalter den Verkehr zwischen Nord und Süd aufnahm, vermittelt landschaftlich und kulturell den Übergang vom alpinen Norden zum mediterranen Süden. Der linksseitige Höhenweg »Strada alta Leventina« (er ist Teil eines alten Verkehrsweges, der die gefährlichen Schluchten im Tal umging) beginnt in Airolo. Er verbindet in bis zu 1000 Metern Höhe die sonnseitigen Hangdörfer über dem Talboden und senkt sich nach 45 Kilometern kurz vor Biasca wieder ins Tal ab. Seit bereits über 50 Jahren gehört er zu den beliebtesten Weitwanderwegen in der gesamten Schweiz. Neben der außergewöhnlichen Aussicht sind es die malerischen Dörfer und die zahlreichen Einkehrmöglichkeiten, die diesen Weg zu einem Klassiker gemacht haben. Der gesamte Höhenweg lässt sich am besten in drei Tagesetappen erwandern. Zahlreiche Zufahrts- bzw. Wanderwege ins Tal zu den Bahnstationen ermöglichen es aber, den Weg in einzelnen Etappen zu bewältigen.

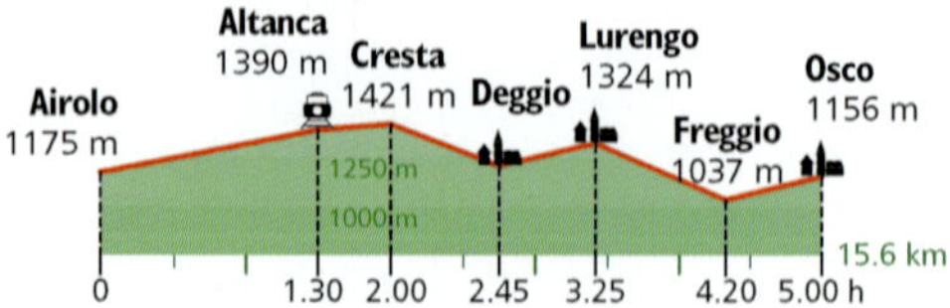

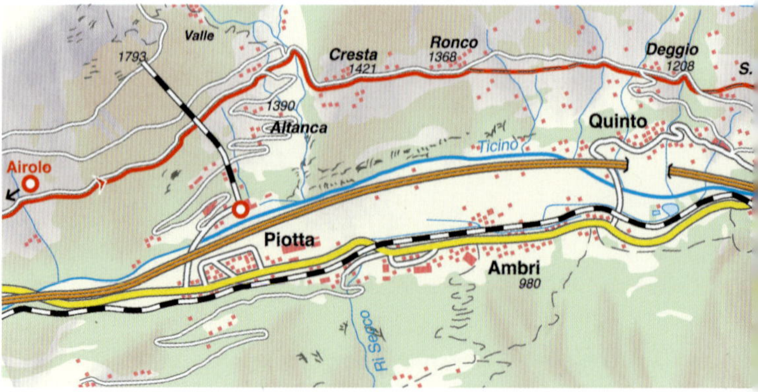

Die Holzbauweise zeigt den Einfluss der Bauweise von jenseits des Gotthardpasses.

Ausgangspunkte: Der Bahnhof in Airolo bzw. die Talstation der Standseilbahn Ritòm in Piotta, 980 m. Anfahrt jeweils mit der Bahn möglich; vom Bahnhof in Piotta geht man 10 Min. zu Fuß bis zur Talstation (Ausschilderung) dann mit der Bergbahn bis zur Zwischenstation Altanca. Rückfahrt von Osco mit PTT-Bus. oder Weiterweg auf 2. Etappe. Parkplätze in Airolo bzw. an der Talstation der Standseilbahn.

Höhenunterschied: 480 Hm im Anstieg, 500 Hm im Abstieg.

Anforderungen: Schmale Höhensträßchen und alte Saumwege; der Abstieg durch den Bosco d'Öss erfolgt auf steilem und steinigem Pfad. Durchgehend ausgeschildert und markiert (rot-weiß).

Einkehr: Osteria Altanca (Übernachtung; Tel. +41 91 8681715) in Altanca, Hotel-Ristorante La Campagnola (Tel. +41 91 8681195) in Deggio sowie Ristorante-Albergo Marti und Osteria Salzi (Übernachtung in Zimmern und Lager möglich; Tel. +41 91 8660204) in Osco.

Sehenswertes: Der Panoramablick auf das Gotthardmassiv und die malerischen alten Orte entlang des Weges (so z.B. das alte romanische Kirchlein San Martino bei Deggio).

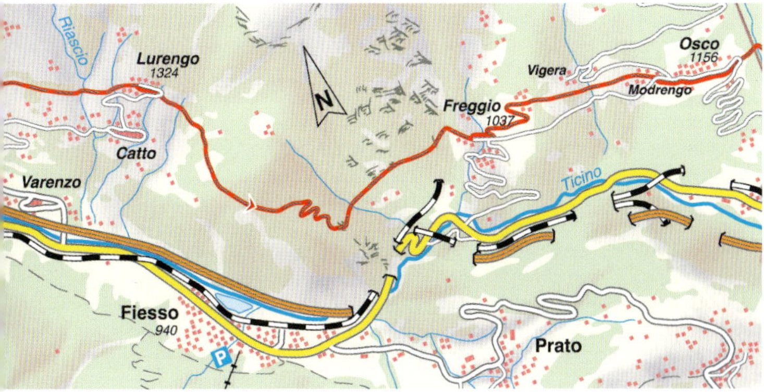

Die Standseilbahn Ritòm in Piotta verkürzt den Aufstieg zur Strada alta erheblich.

Vom Bahnhof in **Airolo**, 1141 m, wandern wir hinauf zur Gotthardstraße, dann rechts und gegenüber dem Friedhof in die kleine Straße Richtung Valle. Dieser folgen wir über die Dörfer Valle, **Madrano** und **Brugnasco** – wobei wir einige Abschnitte auf dem ehemaligen Saumweg zurücklegen – bis nach **Altanca**, 1390 m, bei der Mittelstation der Ritóm-Seilbahn (die zweite Zustiegsmöglichkeit zur »Strada alta«). Unser Weg führt in diesem Abschnitt durch Wald, kreuzt unterhalb der Haltestelle die Standseilbahn und mündet bei der Kirche von Altanca wieder auf den Fahrweg. Wir wandern nun weiter auf der Straße Richtung Südosten, queren ein Bachtal und erreichen dann mit dem Weiler Cresta di sopra, 1421 m, den höchsten Punkt unserer gesamten »Strada-alta«-Wanderung. Wir folgen der Straße abwärts nach **Ronco** und schwenken dann rechts in den alten Saumweg nach **Deggio**, 1208 m (Busverbindung), ein, das mit schönen alten Holzhäusern aufwarten kann.

Die Straße verlassen wir erst wieder kurz vor dem Weiler San Martino und steigen dann bergwärts auf schmalem Wirtschaftsweg hinauf (nahe der Route befindet sich die Kapelle San Martino, die vermutlich aus dem 11. Jahrhundert datiert und damit die älteste Kirche des gesamten Tales darstellen dürfte; von hier Abstecher zum »Grotto strada alta«, WW). Über Wiesengelände erreichen wir dann **Lurengo**, 1324 m (Busverbindung). Hier beginnt der Übergang von der Oberen in die Mittlere Leventina. Wir wandern nun auf gutem Forstweg eben weiter in das Waldgebiet Bosco d'Öss, dann in steilen Serpentinen hinab, bis der Weg bei einem Aussichtspunkt (mit Felskopf) wieder nach Osten abbiegt. Weiter durch Wald, dann durch das Bachtal Val di Freggio, wo ein Wasserfall hinunter in die Piottinoschlucht stürzt. Hier treffen wir auch auf den alten Gotthard-Saumweg, dem wir ein kurzes Stück hinauf zum Weiler **Freggio**, 1037 m (Busverbindung), folgen. Bei der Kirche von Freggio steigt die »Strada alta« links an und in Kehren erreichen wir über die Wiesen der Campagna die Anhöhe Modrengo. Von dort kurz hinab zum Tagesziel **Osco**, 1156 m (Busverbindung).

3.30 Std.

Strada alta, 2. Etappe

44

Auf dem Mittelteil der alten Gotthardroute

Der mittlere Streckenabschnitt der Strada alta di Leventina weist landschaftlich wohl den Höhepunkt der dreitägigen Tour auf. Besonders der Abschnitt zwischen Rossura und Anzonico bietet uns reizvolle Tiefblicke auf die Dörfer im Tal sowie prächtige Panoramabilder von den mächtigen Bergketten auf der anderen Talseite. Neben den zahlreichen Kapellen und Kirchen am Wegesrand beeindrucken uns die gut erhaltenen alten Saumpfade. Besonders im Bereich von Anzonico stoßen wir auf zahlreiche alte, dunkelbraune Holzhäuser, die typisch sind für die Leventina, aber auch auf haushohe Kornhisten, auf denen früher das Getreide zur vollen Reife gelangte.

Talort: Faido, 706 m; größerer Ort im mittleren Leventinatal mit Bahnhof.

Ausgangspunkt: Osco, 1156 m; Dorf oberhalb von Faido mit Pfarrkirche San Maurizio aus dem 12. Jh.; früher bedeutender Etappenort auf der Gotthardroute. Wer die »Strada-alta«-Wanderung in Osco beginnen will, erreicht den Ort mit PTT-Bus von Faido aus. Parken im Ort; besser Anfahrt mit Bus, da die Rückkehr zum Ausgangsort umständlich ist. PTT-Bus von Anzonico nach Lavorgo.

Höhenunterschied: 500 Hm im Abstieg, 322 Hm im Anstieg.

Anforderungen: Fahrwege, alte Saumwege und Wiesen- und Waldpfade; leicht. Die Variante über die Monti di Cò ist etwas anstrengender.

Einkehr: In Osco Osteria Salzi und Restaurant Marti (siehe Tour 43); in Rossura gibt es keine Möglichkeiten mehr; in Calpiogna evtl. im Haus der Kirchengemeinde. In Anzonico finden wir die gleichnamige Osteria (mit einigen Zimmern; Tel. +41 91 8651220).

Sehenswertes: Die Kirche San Lorenzo in Rossura mit Fresken aus dem 13. Jh., die etwas außerhalb des Dorfes auf einem Hügel steht; außerdem gibt es eine alte Kornmühle. Beeindruckend die herrliche Aussicht über die Leventina von den Monti di Cò.

Blick über die verstreut gelegenen Weiler an der Strada alta auf den hohen Bergkamm, der das Tal des Ticino vom Bleniotal trennt.

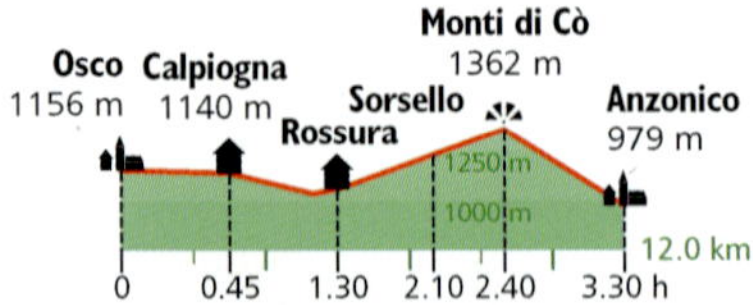

Wir verlassen **Osco**, das früher ein wichtiger Umschlagplatz der Gotthard-Säumerei war, auf der Fahrstraße in östlicher Richtung, bis bei der ersten Kehre unser Weg links abzweigt. Hier beginnt auch einer der schönsten Abschnitte der »Strada alta«. Über einen bewaldeten Berghang queren wir die Gräben der Bäche Ri del Ri und Ri di Sciresa und gelangen so zu den Waldlichtungen des ehemaligen Maiensäß Tarnett, 1075 m. Nach der Kapelle beim Brunnen links weiter und durch das Bachtal Formiéi, dann kurz ansteigend zum Dorf **Calpiogna**, 1140 m (Busverbindung). Bei der ehemaligen Osteria La Baita in Calpiogna zweigt unser Weg rechts ab und führt durch Wiesen und Waldabschnitte zum Taleinschnitt des Ri Bassengo. Über die neue Brücke und dann hinauf zum Weiler Figgione, 1040 m (Busverbindung). Dort auf dem alten Saumweg weiter zum Dorf **Rossura**, 1060 m (Busverbindung), das mit seiner am Ortsrand gelegenen Pfarrkirche und den sie umgebenden Kreuzwegstationen einen ausführlichen Besuch wert ist. Der weitere Saumweg beginnt oberhalb der Dorfstraße und führt über den Bachgraben Froda ins Dörfchen **Tengia**, 1103 m (Busverbindung), mit seinen typischen Steindächern. Dort am Dorfplatz teilt sich der Weg: Der untere Weg führt überwiegend durch Wiesen und Wälder zum Dorf **Calonico**, 961 m, mit seiner weithin sichtbaren Kirche San Martino, und weiter auf Wirtschaftsweg durch Wald zum Grotto Pro Bell, dann weiter auf dieser, bis links ein Fußweg abzweigt, der uns durch Kastanienwald und den Bosco Salvagata zum Etappenziel **Anzonico**, 979 m (Busverbindung), bringt. – Alternativ kann man am Dorfplatz von Tengia auch den oberen Weg

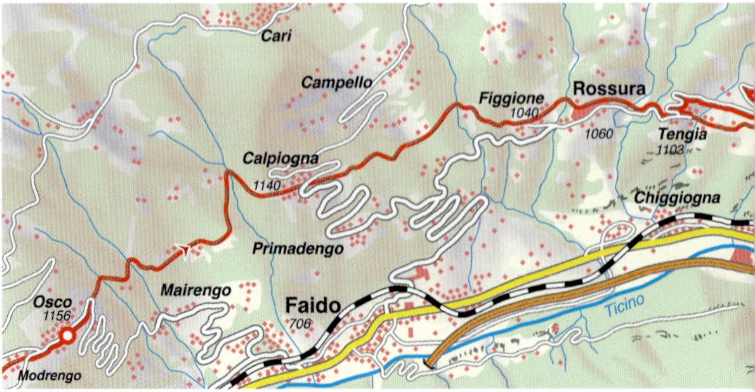

Die Pfarrkirche von Rossura war früher Wallfahrtskirche. Im Hintergrund: die Berge rund um das Val Chironico.

wählen: Er beginnt auf der talaufwärts gewandten Seite und steigt dann auf Fahrweg in Kehren über Wiesen hinauf (oberhalb ein imposanter Wasserfall) zum Weiler Sorsello, 1234 m, dann talauswärts nur mehr langsam ansteigend zum Weidegebiet **Monti di Cò**, 1362 m, wo wir herrliche Ausblicke genießen können. Anschließend steigen wir wieder abwärts zu den Vorsäßen Ravatoi und Casioni in den Bosco Salvagata, wo sich der obere mit dem unteren Weg beim Wegweiser »Lombarda« wieder vereinigt. Auf ebenem Weg in 10 Minuten zum reizvollen Dorf **Anzonico** mit seinen engen Gässchen und alten Steinhäusern.

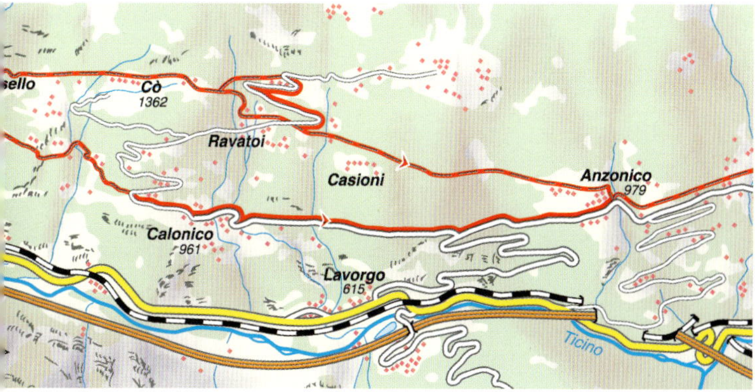

45 Strada alta, 3. Etappe

4.00 Std.

Fortsetzung des alten Saumweges in der unteren Leventina

Der letzte Abschnitt der Wanderung beginnt bei der Kapelle San Antonio di Padova aus dem 17. Jahrhundert, am südlichen Ortsrand von Anzonico und führt uns parallel zur Poststraße hoch über dem Tal des Ticino bis zum reizvollen Dorf Sobrio, wo diese endet. Anschließend folgt die Durchquerung der Valloneschlucht, die den landschaftlichen Höhepunkt dieser dritten Etappe der Strada alta bildet. Besonders im Frühjahr, wenn der Ginster blüht, verschafft uns dieser Abschnitt ein besonders eindrückliches Erlebnis. Im weiteren Verlauf berühren wir die Alpen Monti di Bodio und Monti di Bollegio und Diganengo, bevor wir über steile Hänge hinab nach Polleggio wandern.

Talort: Lavorgo, 615 m; kleiner Ort im unteren Leventinatal mit Kirche und Bahnstation (nur Nahverkehrszüge).
Ausgangspunkt: Anzonico, 979 m; Anfahrt von Lavorgo mit PTT-Bus. Beginn bei der Kirche am südlichen Ortsrand. Parken im Ort. Besser Anfahrt mit öffentlichen Verkehrsmitteln, da die Rückkehr vom Endpunkt öffentlich angetreten werden muss. Evtl. Parken in Lavorgo. Bus von Sobrio nach Lavorgo.
Höhenunterschied: 220 Hm im Anstieg, 900 Hm im Abstieg.
Anforderungen: Von Anzonico bis Sobrio Wald- und Wiesenwege sowie Waldpfade, nach Sobrio schmale Bergwege; der Abstieg nach Pollegio ist steil. In der Talebene auf Nebenstraße nach Biasca und zum Bahnhof am Südende.
Einkehr: Anzonico (siehe Tour 44); in Cavagnago das Ristorante La Faura und das B&B Bertazzi (30 Betten; Tel. +41 91 8642177). In Sobrio B&B Da Norma (mit Selbstversorgerküche; Tel. +41 79 2995678).
Sehenswertes: Reizvolle Almsiedlungen. Sobrio weist ein noch geschlossenes Ortsbild auf und zählt zu den interessantesten Orten entlang der gesamten »Strada alta«.

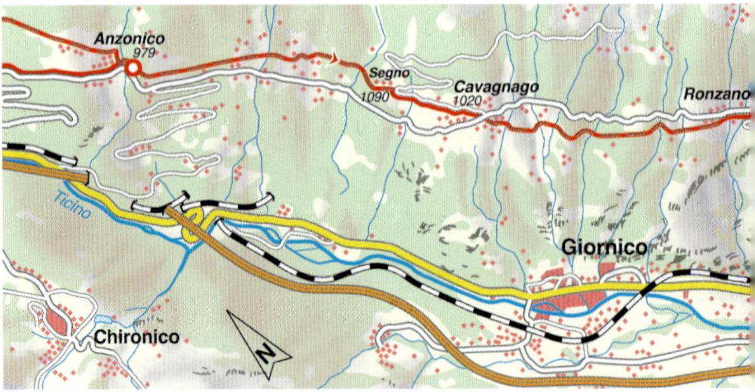

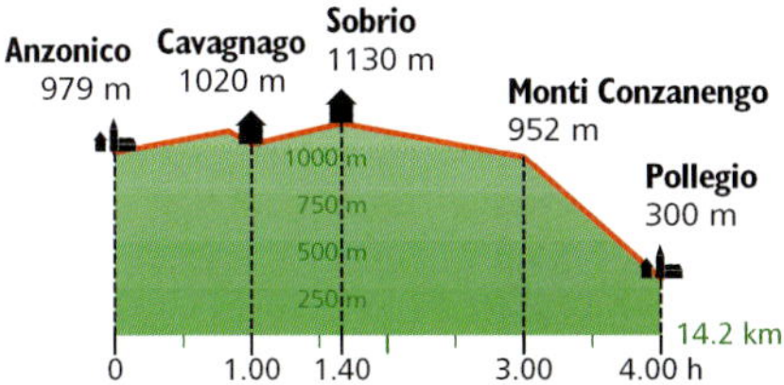

Wir wandern zuerst rechts an der Kirche vorbei, auf Wirtschaftsweg bzw. auf Wanderweg oberhalb der Fahrstraße durch Wald und Wiesen aussichtsreich talauswärts zu den Alphütten von Segno, 1090 m. Dort steht die sehr sehenswerte Kapelle mit frei stehendem Campanile, die dem heiligen Ambrogio geweiht ist. Der weitere Weg senkt sich nun hinab ins Dorf Cavagnago, 1020 m (Busverbindung).Wir kreuzen bei der Pfarrkirche im Ort die Fahrstraße Richtung Sobrio, und halten uns dabei an den Fußweg, der parallel unterhalb der Fahrstraße durch Wald und über einige Gräben zur sonnigen Terrasse führt, auf der sich die Dörfer Ronzano und Sobrio, 1130 m (Busverbindung), befinden. Unterhalb des Dörfchens Ronzano liegt die frei stehende Pfarrkirche San Lorenzo mit Friedhof und Kreuzwegstationen. Auf dem alten Kirchweg erreichen wir dann **Sobrio**, das unterste Dorf auf der linken Leventina-Seite.

Vom Dorfplatz folgen wir einem Wirtschaftsweg hinauf zum Rastplatz Valècc und leiten damit einen der interessantesten Abschnitte der Wanderung ein, nämlich die Durchquerung der wilden Felsschlucht des Vallone. Durch Felshänge hinab, dann über eine Holzbrücke und Steinstufen jenseits wieder hinauf auf die andere Seite des tief eingeschnittenen Tals. Weiter dann auf

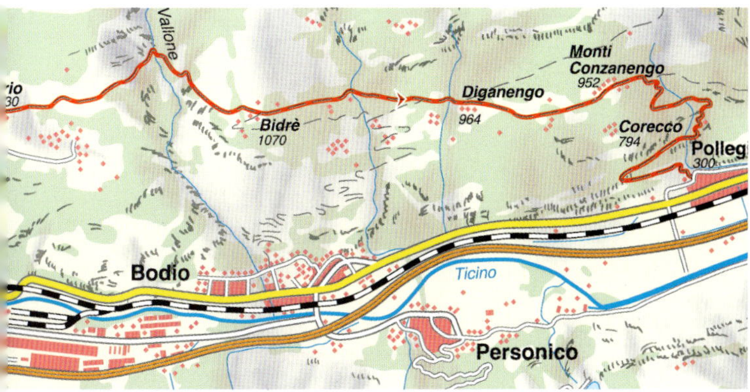

Pfad im Haupttal und bei der Wegverzweigung Bidrè, 1070 m, durch Wald, bis wir auf die Fahrstraße nach Diganengo, 964 m, treffen. Auf der Höhe weiter bis zum vordersten **Monti Conzanengo**, 952 m, wo rechts der »normale« Abstiegsweg beginnt. In weiten Kehren auf Forstweg zum Maiensäß **Corecco**, 794 m. Dann auf Saumweg in die 650 Meter tiefer gelegene Talsohle, die wir über steile Abbrüche, aber auf gutem Weg, zuletzt über Steintreppen, bei **Polleggio**, 300 m, erreichen. Falls wir hier noch nicht die öffentlichen Verkehrsmittel in Anspruch nehmen wollen, können wir auch über Pasquerio und Ponte auf Nebenstraßen nach **Biasco** hinauswandern.

Die Vogelwicke gehört zur Familie der Hülsenfrüchtler; ihre Standorte sind Wiesen und Weiden bis in Hochgebirgsnähe, wie z. B. die Hochlagen der Leventina.

Die Wegfindung ist nicht schwer. Wegweiser in Anzonico.

8.00 Std.

Capanna Campo Tencia und Lago Tremorgio

46

Ein steiler, aber abwechslungsreicher Passübergang

Auf der Westseite der Leventina, dem großen Tal, das sich der Fluss Ticino gegraben hat, treffen wir eine großartige Höhenroute, die keine Wünsche offen lässt: Zum einen sind es reizvolle Alpsiedlungen, die noch bewirtschaftet werden, dann gibt es drei bewirtschaftete Hütten und zwei tief eingeschnittene Bergseen. Und das alles eingebettet in eine dramatische Hochgebirgslandschaft. Auch wenn wir den Hauptgipfel dieser Bergregion, den Pizzo Campo Tencia mit über 3000 Meter Höhe, links liegen lassen: Diese Rundtour über drei alpine Hütten und zwei Pässe von beachtlicher Höhe garantiert ein beeindruckendes Bergerlebnis, das wir gut auf zwei oder drei Tage verteilen können.

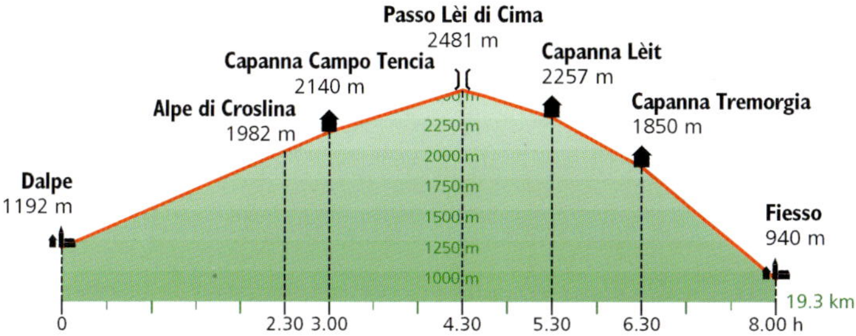

Talort: Dalpe, 1192 m; kleine, schön gelegene Streusiedlung auf einer Terrasse auf der Westseite der Leventina. Der Ort liegt am Ende einer Seitenstraße, die bei Rodi von der Hauptstraße durch das Leventinatal abzweigt. Keine direkte Abfahrt von der Autobahn (Faido oder Varenzo)! Busverbindung mit Rodi-Fiesso.

Ausgangspunkt: Ortsmitte von Dalpe, bei der Kirche. Einige kleinere Parkplätze im Ort bzw. am südlichen Ortsrand beim Supermarkt.

Höhenunterschied: 1290 Hm im Anstieg, 1540 Hm im Abstieg.

Anforderungen: Zu Beginn Alpstraße, dann leichter Wanderweg. Ab Capanna Campo Tencia anspruchsvolle Höhenwanderung, die Trittsicherheit und Ausdauer voraussetzt. Da einige Übernachtungsmöglichkeiten am Wege bestehen, besser die Tour in zwei Etappen angehen. Landschaftlich sehr schön.

Einkehr: Hotel des Alpes in Dalpe. Bar Piumogna, 1404 m (Übernachtung, Verkauf von Alpkäse). Capanna Campo Tencia, 2140 m (immer offen, von Mitte Juni bis Mitte Oktober bew., danach auf Anfrage, 77 Schlafplätze; Tel. +41 91 8671544); Capanna Lèit, 2260 m (immer offen, von Juni bis Ende Oktober an Wochenenden bewartet, 50 Schlafplätze). Capanna Tremorgio, 1850 m (von Juni bis Oktober bewirtschaftet, 47 Schlafplätze; Tel. +41 91 8671552).

Sehenswertes: Großartiges Panorama der Tessiner Berge, zwei reizvolle Hütten und ein Bergsee.

Vom Parkplatz in **Dalpe** durch den Ort, an der Kirche vorbei und auf schmaler Straße ein Stück hinab (dort weiterer Parkplatz). Dann links auf Feldweg weiter in Richtung Wald (WW »Cascata della Piumogna«) in das Val Piumagna. Oder von der Casa Comunale rechts hoch und an der Kirche vorbei, dann wieder rechts und der Ausschilderung zur Cap. Lèit folgen (die Wege treffen sich oberhalb wieder). Nun durch Wald hinauf, bis wir bei einer Kapelle auf den Alpfahrweg nach Polpiano treffen, dem wir bis zu einem Parkplatz folgen. Von dort weiter über die Weiden zu den Hütten von **Piumogna**, 1404 m. Auf der linken Talseite dann über Weiden und durch Lärchenwald hinauf in das westlich abzweigende Tal der Alpe Morghirolo. Bald überqueren wir einen Bach (Brücke) und steigen steil hinauf ins Hochtal der **Alpe di Croslina**, wo wir einen prachtvollen Blick auf die gletscherbewehrten Hänge des Pizzo Campo Tencia werfen können. Wir folgen dem Tal in westlicher Richtung und gelangen nach einigen Bachüberquerungen zur modernen **Capanna Campo Tencia**, 2140 m. Von der Hütte folgen wir dem Pfad, der bald in nördlicher Richtung abzweigt (auf einem Felsblock Wegweiser zur Cap. Lèit). Wir queren das Bachtal und steigen jenseits auf steilem Steig über einen felsigen Hang hinauf zur **Alpe Lèi di Cima** und über Geröll weiter zum Übergang **Passo Lèi di Cima**, 2481 m, der uns einen freien Blick über die Leventina hinweg bis zu den Gipfeln der Adulaberge gewährt. Im weiteren Verlauf ein Stück abwärts und gleich wieder hinauf zum **Passo Morghirolo**, 2431 m, der den Übergang zur Alpe Campolungo darstellt. Rechts haltend auf Pfad hinab zum Lago Lèit, 2260 m. An seinem Nordufer entlang erreichen wir bald die **Capanna Lèit**. Von ihr führt ein serpentinenreicher Pfad hinab über die **Alpe Campolungo**, 2141 m, wobei wir uns immer rechts

Auf der Westseite der Valle Leventina steigen die Berge steil an – hier der Pizzo Forno über Dalpe.

halten, durch den Westhang des Cima di Filo, dann links hinab und durch Wald zur **Capanna Tremorgio**, 1850 m, am Nordostufer des Sees. Von dort mit der Gondelbahn hinab nach **Rodi-Fiesso** bzw. auf steilem Fußweg, der am Ausfluss des Sees am Nordufer beginnt und sich in zahlreichen Serpentinen durch Wald hinab ins Tal windet.

47 Ambri – Pian Mott – Fiesso

5.30 Std.

Hoch über dem Leventinatal

Reizvolle Höhenwanderung auf der rechten Talseite der Leventina zu einem idyllischen Bergsee. Für die Fahrt ins Tal kann dann die Werkseilbahn der AET/Centrale Tremorgio (von Anfang Juni bis Anfang Oktober in Betrieb) in Rodi benützt werden, was uns einen knieschonenden Abschluss beschert.

Talort: Ambri-Piotta, 980 m; siehe S. 28.
Ausgangspunkt: Ortsmitte von Ambri-Sopra (Nähe Kirche) bzw. Bahnstation. Parkplätze im Ort.
Höhenunterschied: 1056 Hm im Anstieg, 1096 Hm im Abstieg.
Anforderungen: Im An- und Abstieg sehr steil. Die Almverbindungswege sind gut ausgebaut, aussichtsreich und ohne große Höhenunterschiede.
Einkehr: Capanna Tremorgio, 1850 m (von Juni bis Oktober bewirtschaftet, 47 Schlafplätze; Tel. +41 91 8671252). Hotels in Rodi-Fiesso, z.B. Dazio Grande.

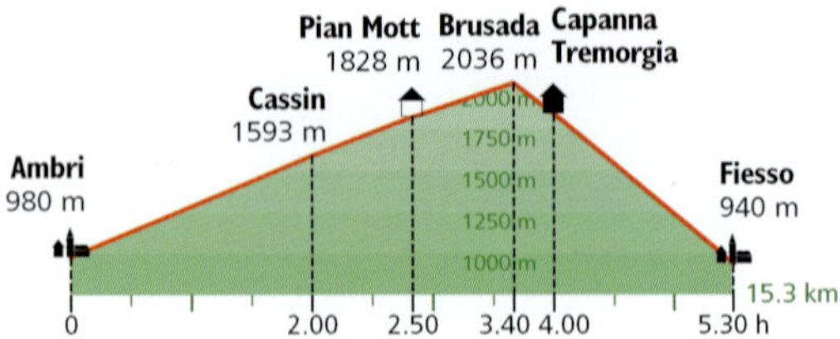

Von **Ambri-Sopra**, 980 m, an der Hauptstraße 1,5 km südöstlich des Bahnhofs in Höhe einer auffälligen Lagerhalle mit Runddach, 50 m auf asphaltierter Straße hoch zu einer Wegverzweigung (WW »Lago Tremorgio«). Dort ge-

In der Capanna Tremorgio oberhalb des gleichnamigen Sees kann man auch übernachten.

radeaus über eine kleine Brücke, dann auf schmalem, unbefestigtem Fahrweg bergwärts. In steilen Kehren durch Nadelwald hinauf zu den Wiesen von Gioett. Vorbei an den Hütten und einer Kapelle in weitem Bogen über die große Lichtung, bis wir auf den quer führenden Höhenweg »Sentiero alto Tremorgio« treffen, der von der Alpe Pesciüm herüberkommt. Dort links weiter auf Fahrweg zum Maiensäß **Cassin**, 1593 m. Nun weiter auf Waldfahrweg leicht ansteigend in südöstlicher Richtung zum Forsthaus **Pian Mott**, 1828 m. Anschließend auf steinigem, ansteigendem Pfad hinüber zum Rand des Bergkammes **Brusada**, 2036 m, der den Lago Tremorgia nach Norden hin abschließt. In einigen Serpentinen wandern wir über die Alpe Tremorgia hinunter zum See, folgen dem Nordufer bis zum Abfluss, queren das tief eingeschnittene Bachbett und steigen hinauf zur **Capanna Tremorgio**, 1850 m, die sich etwas versteckt oberhalb des Sees befindet. Die Bergstation der kleinen Gondelbahn befindet sich nur wenige Meter von der Capanna entfernt am Steilabfall in die Leventina. – Falls wir jedoch den Abstieg zu Fuß bewältigen wollen, gehen wir wieder zum Seeabfluss und nehmen dort den steilen Bergweg, der uns in Serpentinen durch Wald und über die Lichtung **Cassin di Venn**, 1362 m, hinabbringt nach **Fiesso**.

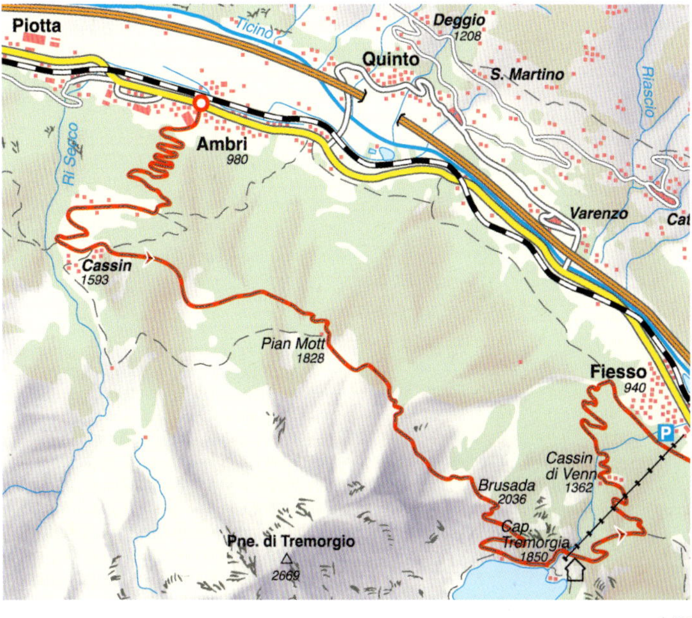

TOP **48** # Lago Ritóm

4.30 Std.

Wanderzeit am größten Tessiner Bergsee

Der Lago Ritóm versorgt die Gotthardbahn mit dem notwendigen Druck für die Stromversorgung. Faszinierendes Überbleibsel des Kraftwerkbaus ist die 1921 betriebene Ritóm-Standseilbahn, die heute dem Tourismus dient (Juni bis Oktober). Mit seiner Maximalneigung von 88 % ist sie eine der steilsten, dem öffentlichen Verkehr dienenden Standseilbahnen der Welt.

Talort: Ambri-Piotta, 980 m; siehe S. 28.
Ausgangspunkt: Bergstation der Ritómbahn (Stazione Piora), 1793 m; Anfahrt mit Bahn, Bus oder Auto nach Piotta, dem oberen Teil des Doppelortes Ambri-Piotta. Vom Bahnhof in 10 Minuten zur Talstation der Zahnradbahn: Piotta Centrale Ritóm, 1005 m. Parken an der Talstation.
Höhenunterschied: 252 Hm.
Anforderungen: Zu Beginn Fahrstraße, dann Almfahrweg, der Rückweg erfolgt auf einem Bergwanderweg.
Einkehr: Kiosk an der Talstation, Hotel/Ristorante Lago Ritóm bei der Staumauer, 1852 m, Ristorante Canvetto del Carletto in Cadagno di fuori, 1917 m, Capanna Cadagno, 1986 m (SAT, 76 Plätze, immer offen, bew. von Anfang Juni bis Mitte Oktober, Halbpension möglich; Tel. +41 91 8681323).
Sehenswertes: Almsiedlung Piora (berühmter Käse). Am südöstlichen Ufer des Lago Ritóm gibt es einen Naturlehrpfad.

Der Lago Ritòm weist auf seiner Nordwestseite einen bequemen Fahrweg auf.

Von der Bergstation der **Ritómbahn** gehen wir zuerst rechts in leichter Steigung auf der zu Beginn asphaltierten Zufahrtsstraße zur Staumauer (Piora). Dort halten wir uns links und folgen dem breiten Uferweg bis zum Nordostende des Sees, vorbei an der **Alpe Ritóm**, wo wir nach Überwindung einer Geländestufe zuerst die kleine Kirche **San Carlo**, dann das Almdorf Cadagno di fuori erreichen, 1917 m; hier entweder links und im Rechtsbogen um den Lago Cadagno herum oder rechts haltend auf dem breiten Almweg ansteigend hinauf zur **Alpe di Piora** und zur Capanna Cadagno. Rückweg: Entweder von der Capanna 10 Min. Richtung Acquacalda weiter, bis wir auf einem Brückerl den Bach überqueren, dort rechts auf Pfad den Hang hinauf (WW »Pinett – Piora«), oder auf dem Anstiegsweg ein Stück zurück bis zu den beiden großen Alphütten, dann links hinab und auf einer Steinbrücke über den Bach. Jenseits links durch Buschwerk hoch, bis wir wieder freies Gelände erreichen. Etwas oberhalb treffen sich dann beide Wege. Dort rechts weiter, leicht ansteigend, hinauf zu einer Schneide, wo wir den ersten schönen Aussichtspunkt erreichen. Links haltend in einen Kessel hinab und im Rechtsbogen durch Felder von Alpenrosen und Zirben. Dann wieder leicht ansteigend auf gut angelegtem Alpweg weiter, bis wir den höchsten Punkt unserer Runde erreicht haben. Nun durch eine Felsgasse und rechts haltend auf schönem, aber steilem Plattenweg hinab in den Almkessel **Pinett**, wo uns einige Hütten und ein Brunnen erwarten. Rechts weiter über den Almboden, dann in leichter Gegensteigung durch lichten Wald hinauf auf einen schwach ausgeprägten Kamm und jenseits hinab zur Staumauer des Lago Ritóm (**Piora**). Am Albergo auf Fahrweg links vorbei und vor zur Fahrstraße, die uns wieder hinab zur Bergstation der **Ritómbahn** bringt.

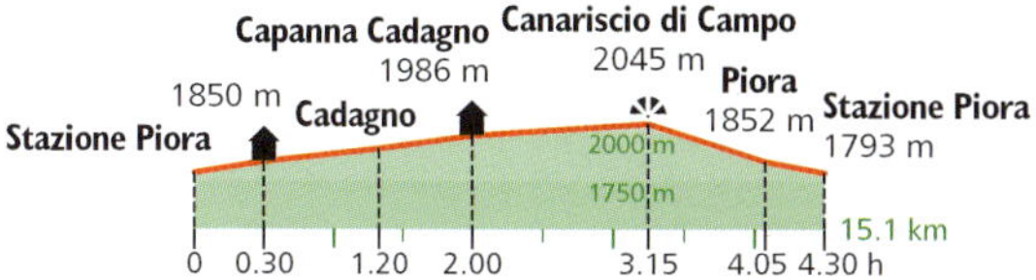

49 Alpe di Pesciüm – Alpe di Ruino – Ossasco

4.20 Std.

Hoch über dem Val Bedretto

Auf der Südseite des Bedrettotals, am Rand der oberen Baumgrenze, reiht sich Alpe an Alpe, die zum Teil heute noch bestoßen werden und durch einen bequemen Almfahrweg verbunden sind. Ohne große Höhenverluste bzw. Anstiege können wir durch Almrosenhänge und Lärchenwälder wandern und dabei die immer reizvollen Ausblicke auf die gegenüberliegenden Gipfel der Gotthardberge und der Rotondogruppe genießen. Auch wenn wir zu Beginn noch die Geräuschkulisse der Gotthard-Passstraße ertragen müssen, so haben wir doch auch Gelegenheit, die imposante Passstrecke in ihrem gesamten Verlauf bewundern zu können. Erleichtert wird uns das Erreichen des Ausgangspunktes der »Strada degli Alpi«, wie dieser Höhenweg auch genannt wird, durch die Benutzung der Seilbahn auf die Alpi di Pesciüm.

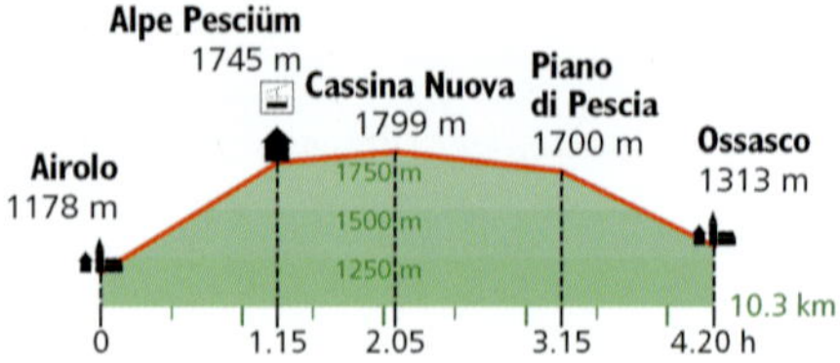

Der reizvolle Höhenweg über dem Val Bedretto bietet viel Schatten.

Talort: Airolo, 1175 m; siehe Seite 28.
Ausgangspunkt: Talstation der Seilbahn von Airolo auf den Sasso della Boggia auf 1745 Meter Höhe (von Ende Juni bis Anfang Oktober in Betrieb). Parkplatz an der Talstation der Seilbahn, 1178 m.
Höhenunterschied: 630 Hm im Anstieg (mit Seilbahn 80 Hm), 480 Hm im Abstieg.
Anforderungen: Leichte Wanderwege bzw. Almfahrwege.
Einkehr: Ristorante Albergo Pesciüm bei der Seilbahn-Mittelstation. Osteria Novena in Ossasco. In der Schaukäserei bei der Talstation (Caseificio del Gottardo).
Sehenswertes: Tiefblick auf das Val Bedretto und hinüber auf die kunstvoll angelegte alte Gotthardstraße. Schaukäserei und Käserei-Museum bei der Talstation.

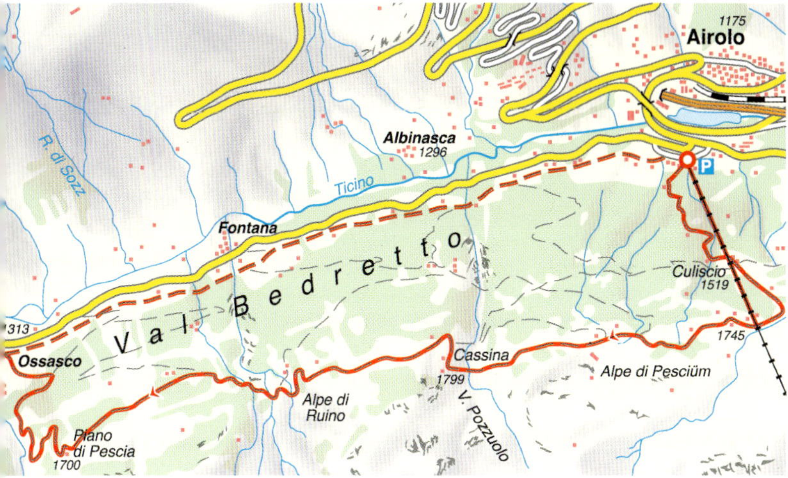

Falls die Bergbahn nicht in Betrieb sein sollte, starten wir die Tour bei der Talstation, gehen am Kiosk links vorbei und folgen sogleich rechts dem schmalen, markierten Bergweg, der uns – immer durch Wald – steil hinauf zur Alpe Culiscio (1519 m) führt; dort halten wir uns links, gehen unter der Seilbahn hindurch und folgen nun dem von Nante heraufführenden Weg in einem Rechtsbogen hinauf zur Mittelstation.

Von der **Seilbahnstation** wandern wir zunächst auf breiten Almwegen in westlicher Richtung über die weiten Wiesen der **Alpe di Pesciüm**, dann weiter zum Val Pozzuolo, zur Cassina Nuova, 1799 m, und in das Val Ruino, wo uns mehrere Almen und zur Weidezeit auch viele Kühe erwarten. Ab Cassina delle Croce, 1630 m, verengt sich der breite Almweg zu einem schmalen, aber gut markierten Wanderweg (Sentiero, rot-weiß mark.), wobei wir nun leicht ansteigend der Ausschilderung zum **Piano di Pescia**, 1700 m, folgen. Dort finden wir neben einer Almhütte auch einen erfrischenden Brunnen. Unser Weg zweigt nun rechts ab, hinunter nach Ossasco (der Höhenweg führt hier noch weiter bis nach Ronco, wo wir auch eine Übernachtung im Albergo Stella Alpina einplanen könnten). Wir wandern auf dem Fahrweg in weiten Kehren durch Wald hinab bis zu einer Wegverzweigung (Bosco do Ossasco, 1536 m), dann links weiter und über einen Bach (Brücke), dort gleich wieder rechts und auf mark. Pfad weiter, wo wir in ein paar Minuten auf die Wegverzweigung Leiunscia, 1539 m, treffen. Auf Wanderweg durch Wald hinab nach **Ossasco**. Falls wir zu Fuß nach **Airolo** zurückkehren wollen, benutzen wir den ausgeschilderten Wanderweg ab Ortsmitte.

50 Capanna Corno Gries, 2338 m, und Griesgletscher

4.00 Std.

Schnuppertour in eine hochalpine Gletscherregion

Dort, wo das Tessin an das Wallis grenzt und mit dem höchsten innerschweizerischen Passübergang, dem Nufenenpass, 2478 m, die einzige befahrbare Verbindung eingeht, entspringt auch der Fluss, der dem gesamten Kanton seinen Namen gibt, der Ticino. Versteckt hinter den vorgeschobenen nördlichen Randbergen der Tessiner Alpen liegt der mächtige Griesgletscher, der zwar bereits zu den Walliser Alpen zu rechnen ist, bevorzugt aber von Tessiner Seite aus besucht wird. Am Weg liegt eine freundliche bewirtschaftete SAC-Hütte, die trotz der relativ kurzen Tour als Stützpunkt sehr zu empfehlen ist.

Talort: All'Acqua im Bedrettotal, 1614 m; kleine Siedlung im oberen Bedrettotal mit Albergo und Postbushaltestelle bzw. Ronco, 1487 m, mit Albergo Stella Alpina. Der nächste größere Ort ist Airolo.

Ausgangspunkt: Punkt 2003 an der Nufenenpassstraße bei der Alpe di Cruina. Anfahrt von Airolo durch das Bedrettotal Richtung Westen. Kleiner Parkplatz an der Passstraße beim Ausgangspunkt (PTT-Bus-Haltestelle) bzw. 300 m oberhalb größerer Parkplatz.

Höhenunterschied: 335 bzw. 482 Hm im An- und Abstieg.

Anforderungen: Gut markierter, z.T. steiler Hüttenweg zur Capanna; der Anstieg zum Passo del Corno erfolgt auf flacherem Bergweg. Achtung: Auch im Juli häufig noch viel Schnee.

Einkehr: Capanna Corno Gries, 2338 m (SAC-Hütte, immer offen, von Anfang Juli bis Mitte September bew., danach nur an schönen Wochenenden, 50 Plätze; Tel. +41 91 8691129). Albergo Stella Alpina in Ronco.

Sehenswertes: Der mächtige Griesgletscher, der sich vom Blinnenhorn bis zum Gries-Stausee herabzieht. Bei der Alp Corno können wir – mit etwas Glück – Murmeltiere beobachten und vor allem eine prachtvolle Alpenflora.

Die neu gestaltete Capanna Corno Gries hat ein futuristisches Gesicht bekommen.

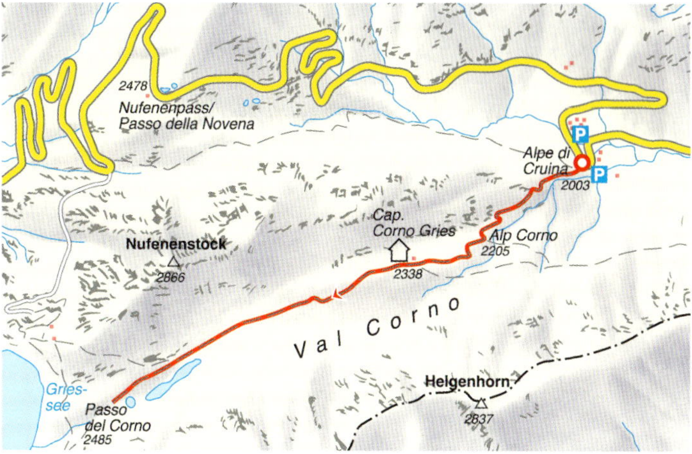

Von der **Alpe di Cruina**, direkt bei der Bushaltestelle, folgen wir links dem ausgeschilderten Hüttenweg, der uns zuerst eben durch eine blumenreiche Bergwiese bis an den Bergfuß, dann recht steil hinauf zur **Alp Corno**, 2205 m, leitet. Dort können wir etwas verschnaufen, denn auch der weitere Anstieg zur **Capanna Corno Gries** ist steil. Die aussichtsreich am vorderen Rand der Talstufe des Val Vorno gelegene Hütte bietet dafür einen grandiosen Blick hinaus aufs Bedrettotal. Von der Capanna gehen wir dann auf gutem, nurmehr mäßig ansteigendem Steig in südwestlicher Richtung, am Fuß des Nufenenstocks entlang hinauf zum **Passo del Corno**, 2485 m. Links unterhalb liegen zwei kleine reizvolle Seelein. Jenseits des Passes, der den Übergang ins Ägenetal und zugleich die Kantonsgrenze markiert, erblicken wir den zu Energiezwecken gestauten Griessee, hinter dem sich gewaltig der **Griesgletscher** aufbaut, der aber auch langsam Schwund verzeichnet. Falls wir nicht den steinigen Weg bis zur Gletscherzunge auf uns nehmen wollen, kehren wir auf dem Anstiegsweg zurück zum Ausgangspunkt.

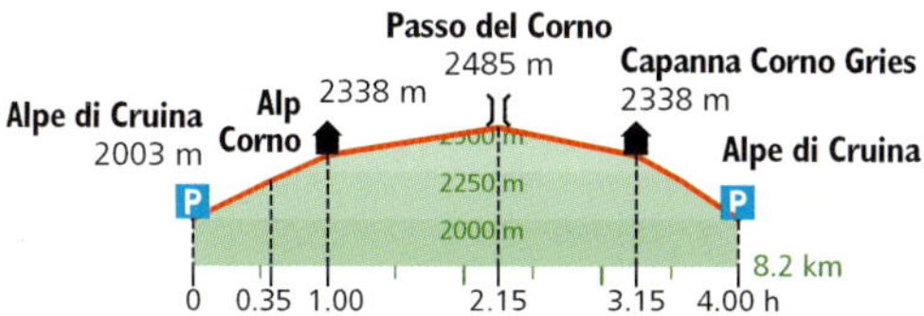

Stichwortverzeichnis

Umschlagbild:
Der malerische Ort Morcote mit der Kirche Santa Maria del Sasso.
Fotograf: Daniel Anker

Bild im Innentitel:
Am Bootshafen von Ascona.

Alle Fotos vom Autor, ausgenommen das Titelbild (Daniel Anker) und die Fotos der Seiten 84, 99, 100, 130 und 152 (Andreas Strauß) sowie 117 und 125 (Georg Meltl).

Kartografie:
50 Wanderkärtchen im Maßstab 1:50.000
gezeichnet von www.rolle-kartografie.de
sowie eine Übersichtskarte im Maßstab 1:650.000
© Freytag & Berndt, Wien

9., aktualisierte Auflage 2021

ISBN 978-3-7633-4078-1

FSC www.fsc.org
MIX
Papier aus verantwortungsvollen Quellen
FSC® C021956

Wir freuen uns über jeden Korrekturhinweis zu diesem Wanderführer!
Bitte per E-Mail an: leserzuschrift@rother.de

BERGVERLAG ROTHER · München
D-82041 Oberhaching · Keltenring 17 · Tel. +49 89 608669-0 · www.rother.de